刚刚好的济南，欢迎您

济南的泉，千百年叮咚不息。

这泉水，映照过李清照泛舟争渡的惊鹭，润泽过辛弃疾挑灯看剑的豪情，如今也滋养着千百万济南人的心田。这本书，便是真挚的济南人专程为你饱蘸泉水写就的一份人才邀请函。翻开书页，便会由此望见一座国家历史文化名城向未来舒展的怀抱——她正以汩汩泉涌般的诚意，邀请天下英才共赴一场"刚刚好"的相逢。

海右此亭古，济南名士多。

济南，这座中国最富诗意的泉城，将对人才的珍视融进每一脉泉的叮咚里。在这里，古老街巷与现代产业园相映成趣，让科技创新有了历史的根基；在这里，高校智慧与企业活力碰撞交融，让青年理想有了茁壮生长的土壤。国家重点实验室的灯光彻夜长明，海归小镇的智慧火花悄然绽放，小巷公交熨帖着城市街巷的"最后一公里"，超然楼的华彩点亮了无数的欢声笑颜……济南，把人才的发展和对人才的关爱，融入城市人才体系建设的血脉中，体现在每一处细节里。

向前跑，繁花似锦。人才，赋予这座千年古城更鲜活的未来；济南，给每一位追梦人以最踏实的舞台。

"我在济南刚刚好"——既是济南对人才的一句深情告白，也是这座城市对人才作出的最真挚的承诺。这份底气源自"山、泉、湖、河、城"浑然天成的气韵，源自绵延千年的儒风雅韵与开放包容的胸襟，源自厚重坚实的产业根基与活力迸发的创新生态。济南将持续以刚刚好的政策、刚刚好的平台、刚刚好的机遇、刚刚好的生活、刚刚好的风景、刚刚好的烟火，为人才的梦想实现提供源源不竭的动力，让每一位怀抱梦想的才俊，都能在济南绽放一路繁花，收获似锦前程。

城市因人而名，名士因城而生。城市与人才的"双向奔赴"，必将相互成就。

天下泉城聚天下英才，"泉城"济南真诚期待越来越多的人才选择济南、筑梦济南，与我们一起，续写"济南名士多"的精彩华章，共赴"刚刚好"的未来！

济南市委人才工作领导小组办公室

第一篇

以城市之名，礼遇人才

"我"

"点燃梦想，
我们不一样"

第一章

刚刚好的城市

敞门纳才

是起点，也是终点。

泉涌万象
城启新章 》》》

"泉"引未来

济南，山东省省会，简称"济"，别称**"泉城"**，是**国家历史文化名城、"东亚文化之都"**，拥有**4600多年**文明史、**2600多年**建城史，也是史前**"龙山文化"**的发祥地，自古便是海右名郡、齐鲁雄都。当前，济南正加快建设"强新优富美高"新时代社会主义现代化强省会。市域面积超过**1万平方千米**，实有人口超过**1000万**，经济总量突破**1.35万亿元**，经济实力稳居全国城市前20强。

重大战略交汇叠加。黄河流域生态保护和高质量发展重大国家战略深入实施，绿色低碳高质量发展先行区、济南新旧动能转换起步区、自由贸易试验区、科创金融改革试验区等国家级重大战略叠加赋能。可以说，选择济南就是选择国家战略，留在济南就能站上时代潮头。

城市品质持续提升。济南自古就有"四面荷花三面柳，一城山色半城湖"的美誉，以华山、鹊山为代表的"齐烟九点"点缀城内，**1209处**天然泉眼星罗棋布，"中国第一泉水湖"大明湖如一颗璀璨明珠镶嵌城中，中华民族的"母亲河"黄河似一条玉带穿城而过，**"山、泉、湖、河、城"**在此交相辉映，浑然一体。

"城"长新声

2023年，济南进一步明确"勇当排头兵，建设强省会"的思路目标和工作推进体系，提出"**强、新、优、富、美、高**"的奋斗目标，勾勒出新时代社会主义现代化强省会的新图景。"**强、新、优、富、美、高**"既是济南城市发展的战略内核，也是新时代在新征程上全面推进中国式现代化济南实践的核心IP。

新时代社会主义现代化 **强省会**

综合实力 **强**　发展方式 **新**　城市品质 **优**

人民群众 **富**　生态环境 **美**　治理水平 **高**

济南加快发展激光制造、人工智能、先进材料、新能源装备、空天信息、生物技术等6个具备良好基础和优势的未来产业，前瞻布局智能机器人、量子信息、新型显示、未来网络、元宇宙、高端医疗装备等6个尚在商业化初期、远期潜力巨大的未来产业。

济水之南
经纬之间 >>>

地理：黄河为砚

　　济南，南依泰山、北跨黄河，因地处古四渎之一"济水"（故道为今黄河所据）之南而得名。地理位置介于**北纬**36°02′–37°54′，**东经**116°21′–117°93′，地处鲁中南低山丘陵与鲁西北冲积平原的交接带上，地势南高北低。四周与德州、滨州、淄博、泰安、聊城等市相邻。地形分为北部临黄带，中部山前平原带，南部丘陵山区带。

气候：四季调色

　　济南地处中纬度地带，属于暖温带半湿润大陆性季风气候区，四季分明，日照充足。

🌐 区划：城脉卷轴

济南总面积**10244.45平方千米**，市辖10区2县，132个街道、29个镇，以及高新技术产业开发区、南部山区、新旧动能转换起步区等3个功能区。

历下区（14个街道）、市中区（17个街道）、槐荫区（16个街道）、天桥区（15个街道）、历城区（21个街道）、长清区（8个街道、2个镇）、章丘区（17个街道、1个镇）、济阳区（8个街道、2个镇）、莱芜区（8个街道、7个镇）、钢城区（5个街道）、平阴县（2个街道、6个镇）、商河县（1个街道、11个镇）

"泉城图"微信小程序
扫码查阅泉城线上电子地图

👥 人口：万家灯火

济南在副省级以上城市中率先全面放开落户限制，年均净增户籍人口约**10万人**，实有人口突破**1000万**。截至2024年年末，常住人口951.5万人，比上年增加7.8万人，增长0.8%。其中，城镇常住人口725.4万人，占总人口比重（常住人口城镇化率）76.2%，较上年提高1.0个百分点。户籍人口827.2万人，增长2.3%。

根据南方周末研究院发布的《57城市民引力榜2023》，济南成为领跑全国的**隐形强者**。两项指标将济南推向榜首：**十年常住人口增速和落户自由指数**。

📊 经济：生机蓬勃

2024年，全市经济总量突破**1.35万亿元**，增长**5.4%**，位列全国城市第**18**位。其中，第一产业增加值440亿元，增长3.6%；第二产业增加值4519.2亿元，增长5.8%；第三产业增加值8568.4亿元，增长5.2%。

[科创实力跨越升级]

济南现拥有国家重点实验室**20**家、省重点实验室**126**家、省实验室**3**家、省级新型研发机构**77**家、省级技术创新中心**31**家、院士专家工作站**51**家、省级以上企业技术中心**281**家，数量均居山东省**首位**。驻济高校**52**所，在校大学生**70余万人**，人才总量超**287.5万**。济南在英国《自然》杂志2024全球科研城市榜单中位列第**31**位，软件业营收规模居全国城市第**7**位，人工智能核心产业规模突破**450亿元**，是全国唯一的国家人工智能创新应用先导区、新一代人工智能创新发展试验区、国家工业互联网示范区**"三区叠加"**城市。

[工业强市蹄疾步稳]

作为一座工业重镇，济南工业发展历史悠久，现拥有**41个**工业大类和全部**31个**制造业大类，全市四大主导产业总规模持续扩大。近年来，济南深入实施工业强市发展战略，大力发展先进制造业，高新技术产业产值占规上工业产值比重近**60%**。2024年，全市规上工业营业收入突破**万亿元**大关；规上工业增加值同比增长**6.5%**。在山东省率先出台《济南市数字经济促进条例》，数字生态总指数居全国第**8**位、全省第**1**位。连续3年入选**"全国先进制造业百强市"**，集成电路竞争力跻身全球前列。

[金融活水澎湃泉城]

济南是**全国首个**获批的科创金融改革试验区，正探索建立"专营机构支撑、专属产品支持、专项政策引导、专家团队服务、专门板块培育、专业载体聚焦"以及"人才团队可作价、信用数据可定价、知识产权可估价、科创企业可评价"的"六专四价"金融工作体系，连续两年跻身中国城市科创金融指数前十。银行业金融机构不良贷款率为0.61%，平均拨备覆盖率为307.8%，信贷资产质量居山东省**首位**。

才聚泉城
智汇海右 ≫

创新体系 ≫ 人才服务没有天花板

人才工作理念 | 天下泉城聚天下英才

　　作为中国近代以来第一个自主开埠的城市，济南开放包容、底蕴深厚，立足"泉城"城市名片，以"聚天下英才而用之"为指向，提出"天下泉城聚天下英才"工作理念，寓意济南将以千年古城的"开埠"气度，不唯地域引人才、不问出身评人才、不拘一格用人才、不遗余力为人才，让各类人才竞相涌现。

所有**提升城市品质**的工作
都是**人才**工作

人才服务体系 | "天下泉城、人来无忧"全生命周期人才服务体系

济南坚持"所有提升城市品质的工作都是人才工作",由单纯人才政策比拼转向全方位人才生态营造。坚持人才发展和人口增长相结合,构建从人口到人力再到人才的全生命周期人才服务体系,推出**"吃、住、行、医、游、娱、购、婚、育"**等系列优厚政策,让广大人才在济南创业无忧、发展无忧、生活无忧、内心无忧。

人才政策体系 | 济南市人才政策"双30条"

人才政策是一座城市最好的邀请函。济南聚焦"人才政策在国内同类城市中始终保持比较优势"这一定位,每年动态优化、修订发布《济南市人才政策"双30条"》。同时,研究制定人工智能、数字经济、青年科技、种业、银龄、高技能人才等"小切口"专项政策,出台新就业形态、哲社文体、网络安全、知识产权、技术转移、贸易、法治、机器人等细分领域高层次人才评价认定办法,让人人皆可成才、人人皆可出彩。

人才招引体系 | "一节一赛、一会一礼、一校一行+海右人才传播矩阵"的"6+1"招才引智工作体系

"一节":以立法形式将每年的**6月12日**设立为"海右人才日",并在6月12日至7月12日期间举办"海右人才节"。

"一赛":连续**8年**举办中国(济南)新动能创新创业大赛。

"一会":每年**3月20日、9月20日**在山东国际会展中心固定举办中国·济南高层次人才招引大会。

"一礼":每年**6月**举办"大学生毕业典礼",**9月**举办"大学生开学典礼"。

"一校":创新发展校友经济,跻身全国校友经济发展六大高峰城市。

"一行":每年举办"才聚泉城高校行"和"海右人才驻济高校行"。

同时,搭建集"人才发展蓝皮书、《走向世界》海右人才专刊、'海右人才'公众号"等于一体的"海右人才传播矩阵"。

济南立足城市特色优势，秉持与一线城市错位发展理念，推出"我在济南刚刚好"引才宣言，每年创作城市人才宣传片及主题曲《我在济南刚刚好》，打造海右人才之歌《梦响海右》、泉城校友之歌《你还记得吗》、济南人才工作之歌《我们不一样》、人才成长奋斗之歌《点亮》以及《Lian上济南这座城》、《我在济南等你》等系列原创歌曲和MV，激发人才的情感认同。

当理念的召唤、服务的浸润、政策的支撑与招引的活力汇聚交融，便自然凝结成一个温暖而富有共鸣的城市人才IP——"我在济南刚刚好"。

这"刚刚好"，是年轻科研人在实验室挑灯夜战、抬头望见窗外城市灯火时，那份事业有奔头的踏实；是创业者奔波一日后，在泉水边品一盏清茶时，身心得以安放的从容；是无数新老济南人在这座既蕴含深厚底蕴又充满现代活力的城市中，找到事业坐标与生活节奏的完美契合点。

高光时刻　　》　一座城与百万个未来

　　2022年以来，济南每年新增青年人才**15万人**左右。2024年，济南人才资源总量突破**287.5万**，战略性新兴产业人才总量近**33万**，荣膺2024年全国人才友好型城市、全国最具人才吸引力城市、全国最佳人才发展生态城市，人才改革实践登榜"中国改革2024年度市域案例30佳"**唯一**人才工作案例，连续**3年**获评"中国年度最佳引才城市"。

　　据《中国城市人才吸引力排名：2025》报告，济南在2024年最具人才吸引力城市百强榜中，位列全国第**11**位、北方城市第**2**位，排名连续多年稳步上升。

平台支撑　　》　构筑科创生态圈

【济南新旧动能转换起步区】

　　济南新旧动能转换起步区规划面积798平方千米，发展定位为"四个新"，即黄河流域生态保护和高质量发展的新示范、山东新旧动能转换综合试验区的新引擎、高水平开放合作的新平台、绿色智慧宜居的新城区。功能布局为"一纵一横两核五组团"，"一纵"是指泉城特色风貌轴，"一横"是指黄河生态风貌带，"两核"是指建设城市科创区和临空经济区，"五组团"是指布局济南城市副中心、崔寨高新产业集聚区、桑梓店高端制造产业基地、孙耿太平绿色发展基地、临空产业集聚区。2025年，现代化新城区框架基本形成；2030年，城市综合功能基本完善；2035年，绿色智慧宜居新城区基本建成。

【 济南国际医学中心 】

济南国际医学中心于2017年成立，是建设"康养济南"、打造新质生产力的重要载体。选址位于主城区西部，占地面积35平方千米，对标美国得州医学中心，坚持"高端化、特色化、国际化"发展定位，聚焦高端医疗服务、高端医疗器械、新一代生物技术、数字医疗四大主导产业。已引入国家健康医疗大数据中心（北方）、齐鲁中科现代微生物技术研究院、国家人类遗传资源共享服务平台山东创新中心三大国家级平台；建设了山东第一医科大学、山东中医药大学国际眼科与视光医学院两所大学，济南微生态生物医学省实验室、山东脑科学与类脑研究院等科研机构，聚集了山东省质子中心、树兰（济南）医院、广安门医院济南医院（国家区域医疗中心）等一批高端医疗机构，正在积极创建山东大学齐鲁医院国家医学中心。

【 欧美同学会海归小镇（济南·人工智能）】

2025年5月，欧美同学会海归小镇（济南·人工智能）获得欧美同学会正式批复，是全国第8家正式批准建设，也是唯一以人工智能为核心的特色小镇。小镇选址于"齐鲁科创大走廊"核心区域济南超算科技城内，总投资约160亿元，打造6个产业园区，聚焦海归人才需求与产业发展要求，构建"1342"产业生态架构。济南将举全市之力将海归小镇打造成以人工智能产业为核心的国家级创新创业示范区和具有"国际风范、齐鲁风韵、泉城特色"的海归人才之家。

【山东大学国家大学科技园】

山东大学国家大学科技园是国家科技部、教育部联合认定的首批22家国家大学科技园之一，占地259亩。拥有市级储备特色产业楼宇两栋和"类海外"环境宜业项目两项。园区通过"创新生态，聚焦核心领域"的"4+4"模式（即新科技、新产业、新链条和新的人才培养模式，及未来健康、未来能源、未来数字科技和科技金融），打造集市场前沿技术研发、专精特新企业孵化、高端产业集聚、区域经济联动促进等多功能于一体的融合发展创新园区。

【中科院济南科创城】

济南抓住北京非首都功能疏解机遇，不断发挥区位优势，深化与中国科学院的合作，建设中科院济南科创城。先后引进一批中国科学院相关院所在济南建设研发机构，重点布局大科学装置、前沿交叉研究平台、国家级省级实验室等，强化原始创新能力提升。中科院济南科创城将统筹承接中国科学院在济南的各类合作项目，逐步形成集中布局、优势互补、联动发展的格局。

【山东大学龙山校区（创新港）】

2024年年底，山东大学龙山校区（创新港）项目正式开工，山东大学的"一校三地"（济南、威海、青岛）办学格局进入新阶段。建成后，龙山校区（创新港）将成为全国开工建设的最大单体校区。

建设山东大学龙山校区（创新港）是山东大学进一步释放综合性优势、强化内涵式建设、实现高质量发展的重要举措，也是山东省在新时代深化产教融合、推动科技创新的重要支点。打造培养和吸引集聚拔尖创新人才重镇，奋力成为"全球人才高地、国家科创中心、山东发展引擎、时代文化灯塔"，为建成教育强国、谱写中国式现代化山东篇章作出新的更大贡献。山东大学党委书记在2024年济南大学生开学典礼上发表宣言：相约龙山，扎根济南，不见不散！

山东大学党委书记
发表宣言：

相约龙山
扎根济南
不见不散

13

【济南长清大学城】

　　济南长清大学城位于济南市西部，规划总面积172平方千米，发展定位为黄河流域科教创新高地、自主创新策源地、科技成果转化地、高端人才集聚地。2025年，实现高层次教育、高科技产业、高质量生态环境融合发展，打造黄河流域科教创新高地。2035年，实现长清大学城与城区深度融合，建成国际知名的开放型、智慧型、生态型、现代化教育名城和创新名城，为济南经济社会高质量发展提供智力支撑、人才保障和发展空间。功能布局为"一心两翼多组团"，以开发区片区为产业发展核心区，协同农高片区、创新谷、大学科技园片区，四区融合发展。

【齐鲁软件园】

　　齐鲁软件园成立于1995年，是科技部首批认定的国家火炬计划软件产业基地，是我国成立最早的"四大软件园"之一。园区辖区面积27平方千米，建成特色产业楼宇300余座，形成了主导产业齐头并进、细分领域优势突出的发展格局：软件和信息技术服务产业以高端软件为核心，行业应用软件为特色；人工智能产业聚焦与各领域深度融合；集成电路产业以设计和服务为核心；信创产业坚持自主可控、安全可信。拥有软件从业人员20余万人，注册企业7万余家，软件和新一代信息技术企业1万余家。近年来，荣获"2024年度最具活力软件园"、中国软件新质生产力"年度凤巢园区"等称号。

【济钢空天信息产业园】

　　济钢空天信息产业园位于济南临港经济开发区内，规划面积66.7公顷。园区重点围绕商业航天高端装备及新材料生产、研发与应用领域相关"四新"产业，采用基金投资、股权合作、成果转化、业务合作等多种方式进行产业投资运营，搭建集"科技孵化器—产业加速器—产业园区"于一体的"全链条"园区运营体系。

【齐鲁制药生物医药产业园】

　　齐鲁制药集团是一家拥有家国情怀、创新基因、国际视野的医药产业集团。集团建有11处基地，下设12家子公司。2024年度，集团实现销售收入378.2亿元，实现出口10.2亿美元，位列中国医药工业百强榜第3位。齐鲁制药生物医药产业园是国内商业化生产总产能最大的生产基地，也是国内少有的同时具备生物药物的早期研发、生产、智能制造、销售、国际化等完整价值链的科技园区。项目按照新版药品GMP和美国cGMP标准，高起点规划、高标准建设、高效能管理，打造国际领先、智能制造的典范。

【山东未来畜禽种业国家现代农业产业园】

山东未来畜禽种业国家现代农业产业园是由济南市钢城区与山东省农科院联合打造的山东省重大项目，总投资30亿元，占地1900亩，构建"种质资源+集成创新+中试研发+产业培育"的全产业链，形成生物育种、动保产业两大支柱产业。遵循"三高一新"原则，即科技含量高、成果转化率高、综合效益高、管理机制新，联合打造创新引领、要素集约、产业集群、链条完整、运转高效、深度融合的国家现代化产业园，形成可复制、可推广的畜禽种业振兴"齐鲁样板"。

【海峡两岸新旧动能转换产业合作区】

2021年7月26日，海峡两岸新旧动能转换产业合作区由国务院台办、国家发展改革委、工业和信息化部联合批复设立，是全国第六个、北方第一个，也是唯一一个由单个城市独立承建的国家级海峡两岸产业合作区，目前已吸引旺旺集团、统一集团、康师傅集团、大自然等120余家台湾企业入驻，项目总投资额超过27亿美元，被评为"中国最具台资企业投资价值园区"。

【 浪潮集团 】

浪潮集团是中国领先的云计算、大数据服务商。集团拥有浪潮信息、浪潮软件、浪潮国际3家上市公司，业务涵盖云数据中心、云服务大数据、软件与集成、企业软件4大产业群组。浪潮存储连续12年蝉联国有品牌销量第一，浪潮集团管理软件连续13年市场占有率第一，浪潮政务云市场占有率第一。先后16次打破TPC-E、TPC-H等一系列国际权威测试纪录。

【 中国重汽集团济南卡车股份有限公司 】

中国重汽集团济南卡车股份有限公司是以重型汽车整车生产经营为主营业务的股份制上市公司，制造出"中国第一辆重型卡车"，开创了民族重卡行业的先河。公司的主导产品有HOWO、TX、TH7、A7、黄河等五大系列3000多个车型的产品，产品功能覆盖各种公路用车、工程用车、专用车等，是国内驱动形式和吨位覆盖最全的重型汽车生产企业之一。公司以责任、创新、沟通、包容的核心理念，致力于打造世界一流的全系列商用车集团。

【济南二机床集团有限公司】

济南二机床集团有限公司始建于1937年，经过多年发展现已成为全国机床行业大型重点骨干企业，是全国机床行业的"十八罗汉"厂之一，也是中国规模最大、品类最全、综合制造大重型金属切削机床实力最强的制造企业，世界最大的机械压力机制造商之一。2000年通过了挪威船级社（DNV）ISO9001质量体系认证，2003年通过了2000版ISO9001质量体系认证，2006年被国家科技部认定为首批118家"国家级企业研究开发中心"之一，每年自主研发近百个新产品，多次进入中国机械500强、中国机械500大企业，蝉联"中国企业信息化500强"。

【玫德集团】

玫德集团创立于1961年，是以流体输送产品及服务为主的现代化、多元化跨国企业集团。集团产品涵盖各类玛钢管件、沟槽管件、阀门等，涉及水务、消防、燃气、暖通、灌溉等多领域，目前已形成跨区域、多基地、全球化发展格局，拥有10家海内外生产基地、23家数字化工厂。集团是数百项国家和行业标准的起草者，拥有国家级企业技术中心和博士后科研工作站，已获专利900余项，获得中国轻工业百强企业、中国玛钢管件生产基地龙头企业、中国绿色铸造示范企业、全国守合同重信用企业和工信部制造业单项冠军等400余项荣誉。

【山东优宝特智能机器人有限公司】

专注腿足仿生技术

深耕特种领域应用市场

优宝特机器人
YOBOTICS

YOBOTICS

行者泰山·行稳致远

山东优宝特智能机器人有限公司致力于腿足式仿生机器人和液压式特种机器人以及人形机器人的研发，拥有电机驱动型、液压驱动型、电液驱动型腿足机器人核心技术，开发出多款小型、中型、大型腿足式仿生机器人。公司入选山东省"泰山产业领军人才计划"、"济南市引进海内外高层次创业人才计划"，获国家级高新技术企业、山东省瞪羚企业、山东省专精特新中小企业、济南市人才引领型企业等荣誉，入列2025"中国人形机器人百强榜"。

【伊莱特能源装备股份有限公司】

伊莱特能源装备股份有限公司成立于2006年，是一家与西班牙海斯坦普集团合资，全球唯一一家具备生产直径16米超大型环形锻件、200吨筒体锻件制造能力的民营锻造企业。公司主要产品包括盘类、环类、筒体、锻棒、锻管及异形锻件，主要应用于核电、风电、水电、特高压、海洋工程、重型装备、高端炼化、采矿冶金等领域。近年来，公司成功研制我国快中子反应堆堆容器支承环，打破3项世界纪录，为我国能源装备零部件制造提供了关键技术保障。

【 山东世博华创动漫传媒有限公司 】

　　山东世博华创动漫传媒有限公司成立于2009年，是国家动漫企业、国家高新技术企业、国家级科技型中小企业、山东省重点文化企业、山东省动漫行业协会会长单位。公司成功打造了百余部原创动漫作品，出版了多部漫画图书，自主研发了百余项计算机软件产品，获得国家专利和计算机软件著作权。公司凭借先进的三维数字、虚拟现实、AIGC等技术，为商业、文旅、艺术、传媒等各行业提供全维度整合服务，共服务千余家企业，被誉为"动漫跨界融合方案解决专家"。

【 佩觿文创梦工厂 】

　　佩觿文创梦工厂是山东省首家实现原画设计、泥雕3D、工程解剖、量产销售等产业链闭环的综合性产业基地。项目通过打造"Z世代"平台、开发"谷子经济"供应链平台及建设二次元文化展销平台，开辟济南经济发展的新赛道，重塑全国二次元文化产业的新格局。

城市之窗

◆ 海右人才

济南市委人才工作领导小组办公室主办，济南人才工作宣传和信息发布官方平台。

◆ 济南宣传

传播泉城声音，感知时代脉搏，讲好济南故事，展现济南软实力。

◆ 投资济南

传递招商信息，服务投资客商，营造亲商环境。

◆ 济南文旅

济南市文化和旅游局订阅号，泉城济南欢迎您。

◆ 济南高层次人才发展促进会

为高层次人才创新创业提供政策咨询、创业辅导、融资咨询、合作对接等服务信息。

◆ 济南校友经济发展促进会

传递济南校友资讯、聚合各方校友力量、推动校友经济发展的平台。

第二章
Chapter Two

刚刚好的温度

贴心
守护

你们负责茁壮成长，
我们负责阳光雨露。

交通互联：
0卡顿穿梭畅行无阻

人享其行，物畅其流

——"距离刚刚好"

打飞的SO EASY！ >>>
机场直连，丝滑登机不迷路

济南遥墙国际机场于1992年7月26日建成通航，位于济南市东北方向，距市区直线距离33千米，占地面积约7180亩，是目前山东省第二大民用机场。济南遥墙国际机场航站楼主楼于2005年建成投用，面积约8万平方米，后南指廊、北指廊分别于2015年和2020年建成投用，航站楼总面积增至现有的17万平方米，共有安检通道51条。

综合枢纽 雏形初现

2025年6月，济南机场二期改扩建工程西一、西二两条3600米跑道已初步成型；T2航站楼主楼及指廊正在进行主体结构施工；综合交通中心首开区已进入装饰装修阶段；塔台已经完成玻璃幕墙吊装。项目建成后，将集空港、高铁、轨道交通、高速公路、城市快速路等多种交通方式于一体，实现"零距离"换乘，成为"国内领先、国际一流"的大型区域航空枢纽，能够满足年旅客吞吐量5500万人次、货邮吞吐量52万吨的保障需求。

去机场的路 **怎么走**

城市候机楼

目前由13家企业（当地客运站和私营企业）运营**24个**城市候机楼。济南市内设有汉峪金谷、二七新村两个城市候机楼，可实现登机牌打印、候车、乘车服务。

市区班车线路

扫码查询详细线路信息

济南市区通往机场的旅客班车线路共有**4条**，分别为：机场巴士1号线（玉泉森信大酒店至济南机场）、2号线（济南火车站至济南机场）、3号线（济南西站至济南机场）、4号线（二七南路1号旅游集散中心至济南机场）。

长途联运线路

长途客运站是济南机场重要交通枢纽之一，集售票、检票、安检、候车为一体，具备"无缝衔接、零距离换乘"的区位优势。

该站位于济南机场候机楼一层7、8号门外西侧，现已开通省内班车班线20条，可覆盖36个县市区。

地铁线路

济南地铁**3号线**是济南市第一条贯通济南机场的地铁线路，可实现在济南机场、济南东站、济南西站等主要交通枢纽间换乘。

济南国际机场官方微信公众号

扫码关注　服务热线：0531-96888

铁路公路，全国闪现不是梦

高铁

通达北京、上海等国际性综合交通枢纽城市

济南每天约有**660趟**高铁通达全国**366个**城市（含县级市），1.5小时高铁里程覆盖4.1亿人口。济南至北京，乘坐高铁最快仅需**1小时23分**，每天车次130余趟；济南到上海，最快仅需**3小时03分**，每天车次40—60余趟不等，高峰期甚至间隔几分钟就有列车发出，时空距离被大大缩短。

中国铁路12306最新数据显示，北京以240个直达城市稳居全国榜首，济南以**193个**直达城市位居**全国第2位**。

"米"字形高铁网——便捷交通带来更多机遇

　　济南是全国27个**国家级铁路枢纽**之一，近年来加快推进"米"字形高铁网建设，目前全市铁路运营里程达835千米，其中高铁运营里程446千米，位居山东省**首位**。

　　目前，济南有6条高速铁路，西向济郑高铁，东向双通道济青高铁、胶济客专，南北向京沪高铁，西北向石济客专，东南向济莱高铁均已建成；在建高铁2条，分别是东北向济滨高铁、南向旅游通道济枣高铁。这两条在建线路将分别于2026年12月、2027年12月建成。

　　其中，济郑高铁不仅将济南到郑州两地的通行时间缩短至1.5小时，还使济南可以连接更多沿黄城市；济滨高铁建成后，将实现京沪高铁辅助通道与京沪高铁互联互通，使济南同时坐拥"京沪高铁和京沪高铁二线"两条南北纵向主干线；有"移动的5A级景区"之称的济枣高铁也进入全面攻坚阶段，沿线有"七十二名泉"、泰山、"三孔"、台儿庄古城等丰富的文旅资源。

服务网站：www.12306.cn

服务热线：020-12306

公路

路网密度全省第一

　　截至2024年年底，济南市公路通车总里程达18426千米，路网结构持续优化，交通承载能力显著提升。其中，高速公路通车里程达890千米，路网密度位居山东省首位。

S103旅游公路　"交旅融合"示范新标杆

　　作为山东省首条省级立项的旅游公路，济南市引入"交旅融合"设计理念，打造了S103旅游公路。完善服务设施、优化快慢交通系统，成功树立了全省国省道"交旅融合"示范新标杆。

持续推进"农村公路+"融合发展新模式

　　坚持聚焦农村产业、旅游发展，精心打造长清区齐鲁8号风情路、钢城区"醉美"乡村旅游路、平阴县"女神一号"旅游公路、南部山区潘家崖公路等乡村产业路、旅游路、资源路。

条条大路通济南！

城市网红路

『我在济南刚刚好』

📍 舜华路与草山岭北路交叉口

『我爱济南』

📍 洪家楼西路和花园路交叉口

📍 经十路

"济南的脉搏——车流奔涌　昼夜不息"

　　经十路济南范围内西起陈庄路口，东至章丘淄博界，全长**95.7千米**，道路最宽位置道路红线144米（含绿带），双向14车道，交叉口渠化段达到双向18车道。

　　经十路贯穿长清、历下、高新、章丘等7区，连接济南西站、CBD中央商务区、汉峪金谷、齐鲁软件园等重要片区，在济南的城市发展中扮演着重要角色，是济南市交通网络的重要组成部分。

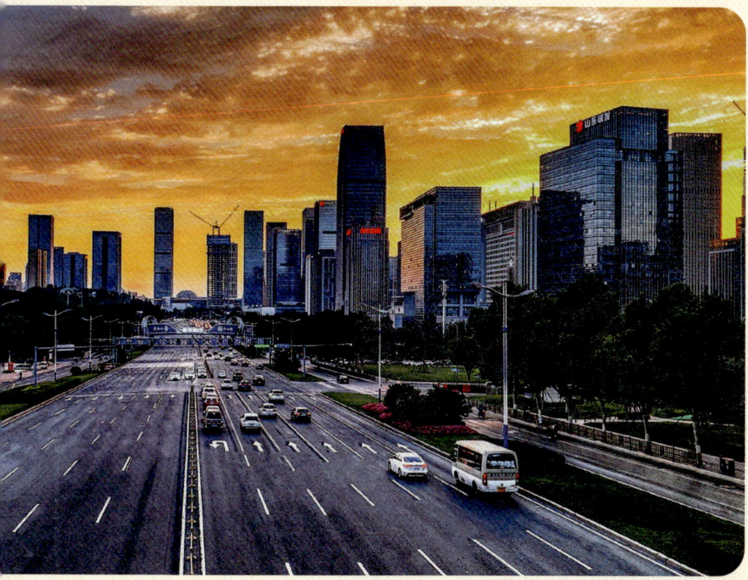

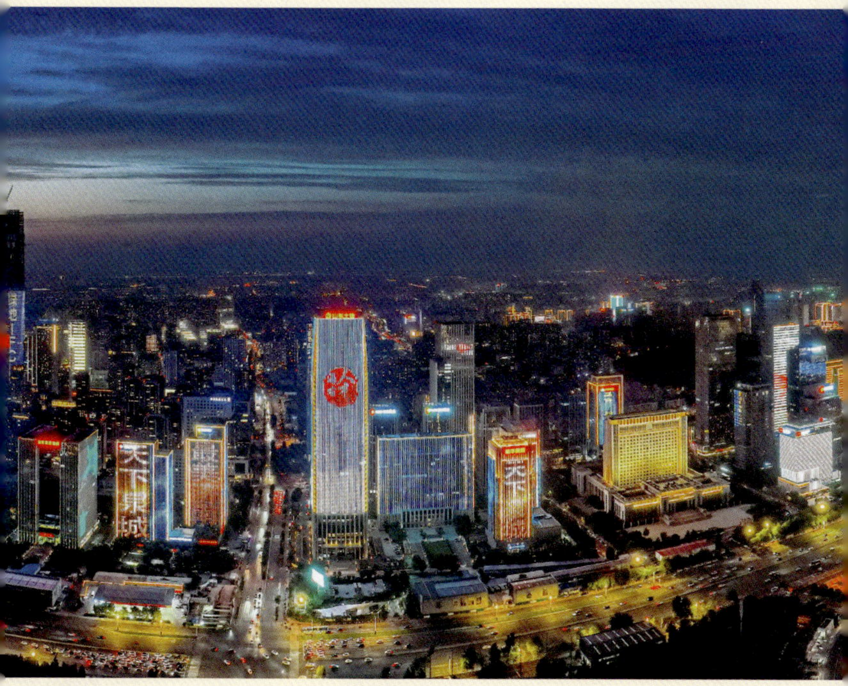
天下泉城

♥ 马鞍山路

"190棵法国梧桐
打造浪漫"

♥ 千佛山南路

"向高楼林立的
城市里开"

不走寻常"路"

彩西路盘山公路

济南版"独库公路"

潘家崖公路

济南版"挂壁公路"

七星台盘山公路

穿梭山水　触摸星河

齐鲁8号风情路

私藏六种村落风情

九龙山盘山公路

九曲十八弯的文旅长廊

雪野湖环湖公路
揽尽湖光山色的"彩虹弧线"

"十里红妆·一生一世"爱情公路
全程13.14千米的爱情线

通勤BUFF叠满！ › › ›
公交地铁无缝换乘，"踩点王"稳了

济南公交　"老百姓的私家车"

公交概况

　　济南公交集团主要经营公交客运及出租、城市公交配套服务等业务，有公交线路560余条，营运车辆7000余部，出租车1700多辆。集团坚持"公益化定位、市场化运作、品质化服务、智慧化运营、现代化管理"的工作思路，努力把公交车打造成**"老百姓的私家车"**，把驾驶员培养成**"老百姓的专职司机"**。

服务亮点

　　济南公交已构建"快、干、支、微"线网体系，开辟"小巷公交"线路，打通出行"最后一公里"。推进"双网融合"，加强公交与地铁接驳换乘，积极推出定制公交和文旅专线，推出2小时内免费换乘举措，搭建线路零时公交网，坚持**"高铁不到站，公交不收车"**服务原则。

小巷公交

为打通市民出行"最后一公里"，济南把目光瞄向城市道路的"毛细血管"小路、支路和背街小巷，用小型纯电动公交车填补公交服务的空白和薄弱区域，目前已开通小巷公交34条，让群众在家门口就能享受公交带来的便捷与舒适。

定制公交

为响应市民个性化、多样化出行需求，提升公交供给能力，济南公交于2018年8月推出定制公交服务，开启了智慧出行的新模式，实现了公交服务从传统"端菜式"到"点菜式"的蜕变。目前已定制公交运营线路690条。

公交漫游

【游770路铛铛车】超然楼专线

运行路线： 趵突泉东门—黑虎泉公交站—芙蓉街公交站—大明湖西南门—大明湖公交站—市立医院（超然楼）—芙蓉街—趵突泉东门。

线路营运时间： 每天10：00—19：00（节假日根据客流情况延长营运时间）。

票价： 39元/人（当日可免费换乘3次）。

【文旅巴士】双层观光巴士专线

运行路线： 济南西站公交枢纽（1号站台）—兴福寺路腊山河西路—省会大剧院—经四纬三（老商埠）—西门（趵突泉）—芙蓉街—大明湖路按察司街（超然楼）—济南公交游客服务中心。

线路营运时间： 周末及节假日9：30—17：30。

票价： 20元/人（"一票通用制"，车票当天有效，不限乘次）。

官方微信公众号："济南公交"

官方网站：http://www.jnbus.com.cn/　服务热线（24小时）：96190

全方位服务

泉城云卡

下载"369出行"APP后，开通"泉城云卡"，可享受乘车8折优惠，2小时内换乘多条公交线路，仅以所乘最高票价线路的8折优惠计费。

扫码下载"369出行"

点击此处根据提示开通"泉城云卡"

开通后可直接点击此处打开乘车码

泉城通NFC卡

用手机钱包办理泉城通NFC卡，地铁出行享受8折优惠，乘坐公交享受8—9折优惠。此卡可用于全国330多座城市乘车、乘地铁。

微信"乘车码"小程序

"乘车码"小程序中包含济南地铁、济南公交等模块，可查询实时公交情况与最近公交站点。

支付宝"济南云公交"

"济南云公交"中包含乘车码、公交线路、最近车站、实时公交情况等多方面信息，帮助乘客更快了解公交车实时运行情况。

济南最长线路公交，你坐过吗？

济南公交K301路由长清大学城发车，经104国道、经十路到达章丘大学城，全程约**78千米**，单程耗时约3小时，被誉为"**济南最长公交线路**"。

K301路下行设置44个站点，上行设置45个站点。全程票价为8元，采用站序分段计算方式售票。首、末班时间为早6：00、晚19：00。K301路以"超长距离"和"串联高校"著称，因此也被称为"**青春专线**"。

青春无敌
——泉城公交大合唱

YEAH!

遇见温暖，遇见并肩的人

2025年5月31日晚，在济南西站发出的最后一班公交车上，一群年轻人连上随身携带的蓝牙音箱，即兴合唱了多首歌曲。清亮的和声在车厢回荡，瞬间将公交车变成了移动的"音乐厅"。他们的视频火爆全网，获"央视新闻"公众号等多家媒体转发、点赞。这是一群热爱生活、激情洋溢的年轻人，向外界展示着青春济南、活力济南、梦幻济南！

地铁漫游　泉城地下风景线

地铁概况

　　济南的城市轨道交通现已运营1、2、3号线共3条线路，总里程约96.7千米。当前线路可通达济南西站、济南东站、济南长途汽车总站、济南机场四大交通枢纽。

　　目前，济南市的在建线路共7条，分别为轨道交通4号线一期、6号线、7号线一期、8号线一期、9号线一期，共151.2千米；轨道交通济阳线，约36.1千米；低运量轨道交通高新东区环线，约30.71千米，计划在2027年全部建成通车。

扫码下载"济南地铁"APP
获取更多地铁资讯 》》

服务
亮点

温暖相伴，运营服务持续"上新"。济南地铁推出"爱心预约""关爱孕妈""童心易物""四季茶饮""彩虹手环"等特色服务举措。

高效多元，购票方式更灵活。乘客可以通过"济南地铁"APP乘车码、"人脸识别"功能、微信和支付宝乘车码、"数字人民币"等多种支付方式轻松出行。

一站一策，地铁生活圈加快构建。聚焦优质消费供给，携手众多知名品牌，推出肯德基咖啡小馆、"粥品粥道"早餐店、宜家家居静展等便民商业业态，为市民乘客打造快捷、便利、丰富的消费环境。

"畅行泉城·爱满全程"

济南地铁 JINAN METRO 济南轨道交通线网图 Jinan Rail Transit System Map

图例 Legend

1号线 Line1
2号线 Line2
3号线 Line3

车站站点 Current Station
换乘车站 Transfer Station

N

2号线 Line2

3号线 Line3

1号线 Line1

（暂缓开通）机场北 JICHANGBEI

机场南 JICHANGNAN
临空 LINKONG
临港北路 LINGANGBEILU
曲家庄 QUJIAZHUANG
渡头 TANTOU
川流 CHUANLIU
济南东站 JINANDONG RAILWAY STATION
裴家营 PEIJIAYING
王舍人 WANGSHEREN
张马屯 ZHANGMATUN
姜家庄 JIANGJIAZHUANG
八涧堡 BAJIANPU
祝甸 ZHUDIAN
七里堡 QILIPU
历山路 LISHANLU
北园 BEIYUAN
生产路 SHENGCHANLU
济泺路 JILUOLU
济南站北 JINAN RAILWAY STATION NORTH
八里桥 BALIQIAO
益康路 YIKANGLU
老屯 LAOTUN
二环西路 ERHUANXILU
腊山 LASHAN
腊山南 LASHANNAN

彭家庄 PENGJIAZHUANG
鲍山 BAOSHAN
凤凰路 FENGHUANGLU
花园东路 HUAYUANDONGLU
安成街 ANCHENGJIE
龙奥大厦 LONGAO BUILDING
龙洞 LONGDONG
丁家庄 DINGJIAZHUANG
奥体中心 OLYMPIC CENTER
孟家庄 MENGJIAZHUANG

方特 FANGTE
济南西站 JINANXI RAILWAY STATION
大杨 DAYANG
王府庄 WANGFUZHUANG
王府河 YUFUHE
赵营 ZHAOYING
大学城 DAXUECHENG
创新谷 CHUANGXINGU
紫薇路 ZIWEILU
园博园 YUANBOYUAN
工研院 GONGYANYUAN

历下区
历城区
天桥区
槐荫区
长清区
市中区

46

解锁松弛感！ >>>
城市绿道，吸睛又吸氧

　　截至2024年，济南市新建成沿路、沿山、沿河、沿湖、公园、湿地等各类绿道1376千米，其中建设林荫绿道514千米、山林绿道338千米、滨水绿道208千米、公园绿道254千米、田园绿道62千米，初步形成串联城市山水人文、服务百姓休闲健身的绿色活力空间。目前，济南市已开放共享绿地300余处，**"推窗见绿，出门入园"** 成为生活新常态。

活力绿道

名称	里程	地区
大千佛山风景区绿道	总里程98.0千米	历下区
奥体文博片区绿道	总里程79.0千米	历下区
腊山河绿道	总里程13.0千米	槐荫区
小清河绿道	总里程48.0千米	槐荫区 天桥区 历城区
华山湖绿道	总里程12.8千米	历城区
汉峪片区山林绿道	总里程15.0千米	高新区
栾家岭绿道	总里程22.6千米	钢城区
大崮山绿道	总里程5.0千米	莱芜区
雪野绿道	总里程10千米	莱芜区
商中河绿道	总里程21.8千米	商河县
济阳区滨水康体休闲绿道	总里程10.3千米	济阳区
沉砂池滨水碧道及玫城湿地公园绿道	总里程7.9千米	平阴县
环城泉水绿道	总里程6.6千米	历下区
绸带公园绿道	总里程5.5千米	历下区
华山森林绿道	总里程10.0千米	莱芜区
九龙山绿道	总里程15.0千米	钢城区

了解更多"园林和林业绿化"信息，请扫描

济南

在全市 173 个公园、绿地
划定 323 处开放共享区域

用地类型图例

- 游园、口袋公园
- 社区公园
- 郊野公园
- 综合公园
- 防护绿地
- 山体公园
- 广场用地
- 专类公园
- 区域绿地
- 湿地公园
- 附属绿地

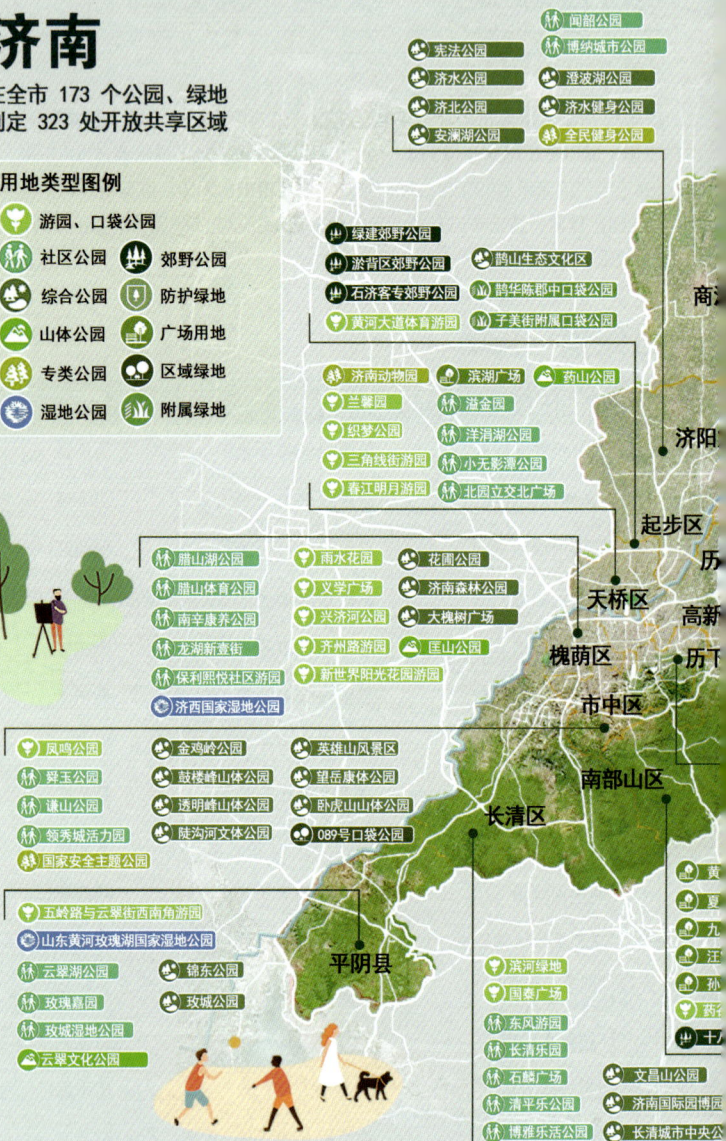

宪法公园
济水公园
济北公园
安澜湖公园

闻韶公园
博纳城市公园
澄波湖公园
济水健身公园
全民健身公园

绿建郊野公园
淤背区郊野公园
石济客专郊野公园
黄河大道体育游园

鹊山生态文化区
鹊华陈郡中口袋公园
子美街附属口袋公园

济南动物园
兰馨园
织梦公园
三角线街游园
春江明月游园

滨湖广场
溢金园
洋涓湖公园
小无影漂公园
北园立交北广场

药山公园

腊山湖公园
腊山体育公园
南辛康养公园
龙湖新壹街
保利熙悦社区游园
济西国家湿地公园

雨水花园
义学广场
兴济河公园
齐州路游园
新世界阳光花园游园

花园公园
济南森林公园
大槐树广场
匡山公园

凤鸣公园
舜玉公园
蟠山公园
领秀城活力园
国家安全主题公园

金鸡岭公园
鼓楼峰山体公园
透明峰山体公园
陡沟河文体公园

英雄山风景区
望岳康体公园
卧虎山山体公园
089号口袋公园

五岭路与云翠街西南角游园
山东黄河玫瑰湖国家湿地公园
云翠湖公园
玫瑰嘉园
玫城湿地公园
云翠文化公园

锦东公园
玫城公园

滨河绿地
国泰广场
东风游园
长清乐园
石麟广场
清平乐公园
博雅乐活公园

文昌山公园
济南国际园博园
长清城市中央公园

商
济阳
起步区
历
高新
历下
天桥区
槐荫区
市中区
南部山区
长清区
平阴县

黄
夏
九
汪
孙
药
十

48

公园

全民健身广场
明辉文体广场
宾河公园　　商河县郊野公园

北卧牛山公园　　虞山公园
鲍山公园　　华山公园
将山公园　　唐冶公园
围子山公园　　唐冶中央公园
桃花山公园

绣江河公园　　赫山山体公园
龙盘山公园　　明水小站公园
玉泉湖公园　　白泉休闲健身公园
章丘新时代文明实践主题公园
眼明泉公园林下空间
济南植物园

智慧园
文化中心公园　　贤文公园
刘公河东侧游园　　汉峪公园
济南鲜花港　　正丰路公园
马山城公园　　舜宁路游园
阁老山大草坪　　汉峪玉兰园
玉兰谷山体公园　　遥墙办事处游园
拖缰岭北侧山体公园　　中德合作区草坪

章丘区

青春历下绿地　　东山公园
舜耕路街心游园　　洪山山体公园
奥体中路游园　　牧牛山山体公园
大华紫郡游园　　小洪山山体公园
二环东路游园　　平顶山山体公园

CBD迷你公园　　绸带公园
泉城人才公园　　葫芦顶公园
礼耕路儿童友好公园　　泉城公园
凤山路西侧游园　　大明湖景区
奥体中路线性公园　　千佛山公园
中央商务区绿地公园　　佛慧山景区
经十东路北侧绿地　　燕山立交低线公园
茂岭山东西绿廊公园

红石公园　　龙园
胜利公园　　奇趣园
莱芜植物园　　莲河公园　　运动园
莱芜滨河公园　　孝义河公园　　汉江公园
凤凰路绿道　　文昌盛典公园　　莱芜区文化中心

莱芜区

艾山公园　　拾光公园　　万柳园　　新兴广场
大汶河公园　　青年公园　　汶水源头　　艾山广场
栾家岭公园　　莱钢中心公园　　花海公园
双龙山公园　　钢城总体国家安全观主题公园

钢城区

济南市园林和林业绿化局　发布
设计单位：济南园林集团景观设计有限公司

49

居有定所：
左手事业 右手安家 》》

🏠 **蜗居"不将就"**

济南市住房保障理念

　　济南认真落实人才强省会战略，创新构建了以实物保障、货币补贴为两大支撑的安居保障体系。

　　实物保障方面，通过保障性租赁住房、人才公寓、配售型保障性住房三种形式，建设好新市民"在济南的第一个家"。

　　货币补贴方面，通过租房补贴、购房补贴两种形式，缓解新市民和人才的住房压力。

》》

JUST RIGHT
IN JINAN

日子"有奔头"

济南市保障性住房政策概况

　　济南制定《济南市保障性住房配售和封闭管理办法》，面向工薪收入家庭和引进人才两类群体，采取公开摇号的方式进行配售，按照"解困优先、人才优先"的原则，优先保障部分困难家庭及高层次人才，包括家庭收入符合我市中低收入标准的、生育二孩及以上的、家庭成员中有60周岁以上老人的家庭，以及其他依法依规应优先保障的家庭。

政策清单一览

保障性租赁住房

《济南市保障性租赁住房运营管理办法（试行）》
《关于明确保障性租赁住房保障范围及申请程序有关问题的通知》

配售型保障性住房

《关于规划建设保障性住房实施意见》

租赁住房补贴

《关于推进新市民、青年人租赁住房补贴有关工作的通知》

人才公寓

《济南市市级统筹人才公寓筹集和使用管理规定》
《关于调整人才公寓申请分配有关事项的补充通知》

购房补贴

《济南市高层次人才购房补贴申请发放实施细则》

不是"北上广深"去不起，而是**济南**更有性价比！

栖居改善成效

聚焦"好房子"建设，目前济南共有13个项目入选省级高品质住宅试点。与此同时，先后出台公积金贷款额度上浮20%等政策。

加快建立"租购并举"住房制度，基本建立起以公租房、保租房、配售型保障房为主体的住房保障体系，为市民兜牢住房底线。创新非住宅存量房屋改建等渠道，累计筹集保障性租赁住房12.9万套（间）；通过中国人民银行租赁住房贷款支持计划试点购置租赁房源3.05万套；探索实施配售型保障性住房建设，筹集房源6000余套。

对于暂时未选到合适保障性住房的新市民、青年人以及有购房需求的高层次人才，通过发放租房、购房补贴，满足其阶段性住房需求。

医路"泉"开：
看病也能安全感拉满 》》

你的健康有人托底

截至2024年年底，辖区有各级各类医疗卫生机构**8463所**，在岗卫生技术人员**13.09万**人。市民健康素养水平达到38.79%，主要健康指标达国际领先水平。

全面完成"健康济南"15个专项行动，顺利通过国家卫生城市复审，国家卫生县城、卫生乡镇创建实现全覆盖。

医疗资源全国排名第5位

由南方周末城市（区域）研究中心编制的《57城市民待遇榜2024》近期发布，基于教育、医疗、环境三大维度对全国57个主要城市的市民生活品质进行综合排名。结果显示，57城市市民待遇排名中，济南名列第**6**位；57城市医疗资源排名中，济南名列第**5**位。

57城市市民待遇榜排名TOP10

城市	排名	排名变化
北 京	1	0
上 海	2	0
拉 萨	3	5↗
南 京	4	-1↘
杭 州	5	-1↘
济 南	6	1↗
深 圳	7	2↗
广 州	8	-3↘
太 原	9	2↗
长 沙	10	19↗

·南方周末城市（区域）研究中心编制　　刘宇1制图

57城医疗资源子榜2024

城市	排名
北 京	1
上 海	2
拉 萨	3
杭 州	4
济 南	5
西 宁	6
南 京	7
广 州	8
太 原	9
郑 州	10

·南方周末城市（区域）研究中心编制　　刘宇1制图

医疗服务体系一次搞懂

① 广安门医院济南医院、宣武医院济南医院2个国家区域医疗中心建设加快推进，公立医院全面取消药品、医用耗材加成，门诊病人和住院病人人均医药费用不断降低，居民个人就医负担持续减轻。

② 系统建成国家级临床、中医、妇幼保健等各类重点专科18个，省级78个；国家级胸痛中心、卒中中心等18个，省级中心20个；建成紧密型城市医疗集团6个。

③ 二级及以上公立医疗机构均实现检验检查结果线上互认共享，"心电一张网"实现全覆盖，120实现全市统一调度。

④ 济南共有社区卫生服务机构446所、镇卫生院43家、村卫生室3457所，建成社区医院71家、紧密型县域医共体10家、县域医疗服务次中心13家，15分钟健康服务圈、30分钟重点疾病救治服务圈初步形成。

🌱 中医特色彰显

济南现有三级中医医院6家；二级以上公立综合医院、妇幼保健院、传染病医院均设置中医药科室，二级及以上公立中医医院全部设置治未病科、康复科、老年病科；100%的社区卫生服务中心和镇卫生院设置中医馆，100%社区卫生服务站和97%村卫生室提供中医药服务。

出台全国首个《智慧中药房建设与运行规范》地方标准，建成智慧中药房10家。

辖区拥有中医药企业3000余家，拥有宏济堂制药、明仁福瑞达、福胶集团等中药生产加工企业。以"借船出海，鲁澳中医药协同发展"模式，获批国家中医药传承创新发展试验区。

看病就医　高效问诊

★ 中国中医科学院广安门医院济南医院（济南市中医医院）

中国中医科学院广安门医院济南医院（济南市中医医院）始建于1953年5月15日，是山东省和济南市首家公立中医医疗机构，是济南市以中医药为主、中西医结合医疗、教学、科研、预防、保健、康复的中心，是三级甲等中医医院、全国示范中医医院、第四批国家区域医疗中心建设项目、山东省首批区域中医医疗中心、全国中医（全科）住院医师规范化培训基地、国家中医药优势特色教育培训基地、山东中医药大学附属医院、山东省研究生联合培养基地。

★ 首都医科大学宣武医院济南医院

首都医科大学宣武医院济南医院为第五批国家区域医疗中心建设项目，以首都医科大学宣武医院为输出医院，以济南市中心医院为依托医院，是合作共建神经疾病类别的国家区域医疗中心，于2023年10月23日揭牌。按照高起点、高水准、智慧化和国际化要求进行统筹规划建设，规划设置床位1065张。医院现有国家级临床重点专科1个，省级临床重点专科1个，山东省临床精品特色专科1个。医院全方位、多层次、宽领域开展创新合作，力争成为"国内一流、国际有一定影响力"的高水平神经疾病类别国家区域医疗中心。

★ 济南市中心医院

济南市中心医院成立于1958年，是山东省级区域医疗中心，大型综合性三级甲等医院，是山东第一医科大学附属中心医院，自建院之初就是山东医学院三大教学医院之一。医院分为中心院区和东院区，占地面积325亩，编制床位3870张。医院东院区规划建设用地约217.33亩，总建筑面积约35.07万平方米，开放床位805张。医院现有国家临床重点专科3个，省临床重点专科14个，省临床精品特色专科2个，省中医药临床重点专科1个，省医药卫生重点学科2个，市临床重点专科30个。

⭐ 济南市妇幼保健院

济南市妇幼保健院（山东第一医科大学附属济南妇幼保健院）创建于1951年，是一所集医疗、保健、预防、康复、科研、教学为一体的三级甲等妇幼保健院。医院形成"一院三区"发展格局，拥有4个国家保健特色专科，3个国家级妇女保健特色门诊，6个国家级产科亚专科，14个省级重点及精品特色专科，18个市级重点及特色专科，是国家级孕产妇MDT建设单位、国家级儿童早期发展示范基地、国家级住院医师规范化培训基地。

⭐ 济南市儿童医院

山东大学附属儿童医院（济南市儿童医院）始建于1957年，是集医疗、教学、科研、预防、康复、保健为一体的综合性三级甲等医院，是国家临床重点专科建设单位、国家专科医师规范化培训基地、山东省儿童区域医疗中心、山东省首批重点专病专科医院。医院设有博士后工作站、院士工作站，现有42个国家、省、市重点学科重点实验室，23个国家及省级培训基地，2个省级医疗质量控制中心。

⭐ 济南市口腔医院

济南市口腔医院是一所集医疗、教学、科研、保健、预防为一体的三级甲等口腔专科医院，设有总院区和6个分院区，是山东省临床重点专科、济南市口腔疾病诊疗中心、滨州医学院非隶属附属医院和国家级住院医师规范化培训专业基地。牙体牙髓病专业、口腔颌面外科专业和口腔正畸专业为济南市临床重点专科，口腔内科学是山东省医药卫生重点学科。口腔诊疗科目齐全，配有山东省医药卫生重点实验室。

⭐ 济南市眼科医院

济南市第二人民医院（济南市眼科医院）始建于1923年，设有12个临床眼科专业和2个诊疗中心，拥有专业高效的内科、麻醉、眼科特检等组成的MDT综合诊疗救治团队，拥有省重点临床专科、全国弱视斜视防治中心济南市分中心、省医药卫生重点专业、省医药卫生特色重点专科、省糖尿病眼病防治中心、市临床精品特色专科、市眼科研究所、市儿童青少年近视防控中心和市眼科联盟牵头单位等多项资质。

疾病防控　向精突破

① 全省率先上线电子预防接种证，智慧化预防接种门诊基本实现全覆盖。

② 建立"齐鲁医防融合机制"并扩点至7家医院，形成"罕见新发传染病早期识别网络"。

③ 出台《婴幼儿游泳（洗浴）场所管理规范》，填补该领域的监管空白。

④ 全国首创"个人放射防护用品使用"远程监管。

⑤ 建立市、县两级医疗应急"叫应"机制，建成省级紧急医学救援基地2个、市级紧急医学救援基地4个，调整并充实市级紧急医学救援队伍、核化卫生应急队伍、突发传染病防控队伍共20支，各区县均建立基层背囊化应急小分队。

⑥ 健全并完善市、区、镇、村四级疾控体系，市多点触发监测预警系统覆盖重点机构近7000家，实现73种传染病和常见症状的动态监测。

民生保障　提档升级

"一老" ▶ ▶ ▶

全国首创医养结合"三级签约"奖补政策，入选国家安宁疗护试点市。全市有医养结合示范区县10个、示范街镇107个，医养结合机构84家，医养结合机构床位1.6万张。

二级以上公立综合性医院设立老年医学科或老年病专业比例达到97.9%，二级以上中医医院康复科和治未病科设置实现全覆盖。老年友善医院机构创建率达到98%。

开展阿尔茨海默病免费筛查87.3万人，占比全省第一。

"一小" ▶ ▶ ▶

入选中央财政支持普惠托育服务发展示范项目，获评首批全国婴幼儿照护服务示范城市，创建全国首个托育城市品牌"泉心托"，全市共有托育机构673家、托位4.5万个。

济南是全国首批、全省唯一健康中国行动宫颈癌综合防治创新模式试点城市，在全国试点工作评估中位列第一。

儿童"三小"行动、宫颈癌综合防治经验在全国推广，城乡适龄妇女"两癌"免费检查实现全覆盖，新生儿先心病免费筛查纳入市政府为民办实事项目。

"艾梅乙"母婴传播消除全省最优并通过国家验收。

关注济南市卫健委微信公众号"济南卫生健康"

更多优质医疗资源

山东大学齐鲁医院

山东大学齐鲁医院是国家卫生健康委员会委属（管）的三级甲等综合医院，教育部直属重点大学——山东大学的直属附属医院，山东大学第一临床学院，临床医学一流学科建设主体单位，首批委省共建国家区域医疗中心牵头和主体建设单位，国家区域医疗中心建设输出医院，国家医学中心建设单位。医院始建于1890年，2000年更名为山东大学齐鲁医院。建院130余年，在海内外享有盛誉。

山东省立医院

山东第一医科大学附属省立医院（山东省立医院）始建于1897年，是山东省内功能最齐全、医疗服务能力最强的现代化三级甲等综合医院，是国内外知名、山东省医疗卫生行业的龙头医院。在全国综合类医院排名第16位，A+等级第1名，病例组合指数（CMI值）位列全国第12位，四级手术量位列全国第11位，入选国家区域医疗中心输出医院。

山东省千佛山医院

山东第一医科大学第一附属医院（山东省千佛山医院）成立于1960年，初期主要承担全省干部保健工作，至20世纪70年代末开始成为面向社会开放的省级综合医院。1995年医院获评省级三级甲等综合医院，目前已建设成为一所集医疗、教学、科研、康复、保健、预防、急救于一体的省级大型三级甲等综合医院。

山东大学齐鲁第二医院

山东大学齐鲁第二医院（山东大学第二临床学院）是国家卫生健康委员会委属（管）医院，百年名校山东大学直属医院。2011年医院获评全国首家"新三甲"医院（2011版），2019年入选首批委省共建国家区域医疗中心核心成员单位，2020年入选山东省区域医疗中心，2021年挂牌成立山东大学第二临床学院。目前，医院形成了中心院区、南部院区（济南善德养老院）、北院区"一院三区"战略发展格局。

山东中医药大学附属医院

山东中医药大学附属医院始建于1955年，是新中国成立以来建院最早的中医院之一。医院集医疗、教学、科研、预防、保健、康复于一体，是全国示范中医院、国家中医临床研究基地等。

山东省口腔医院

山东大学口腔医学院（山东省口腔医院）始建于1977年，前身为山东医学院口腔系，2000年更名为山东大学口腔医学院(口腔医院)，2006年增名山东省口腔医院。山东省口腔医院、山东大学口腔医院、山东大学口腔医学院实行三院合一管理体制，是山东省口腔医学教学、科研、医疗和预防保健中心。

山东省眼科医院

山东第一医科大学附属眼科医院（山东省眼科医院）创建于2004年，是集医疗、科研、教学、防盲为一体的三级甲等眼科专科医院。是山东省委、省政府支持的重点优势学科建设单位，国家临床重点专科（建设项目）单位，山东省眼科临床专业质量控制中心，山东省眼科医学临床中心，亚洲角膜病协会国际住院医师培训单位，山东省眼库所在地。

山东省妇幼保健院

山东省妇幼保健院（山东省妇女儿童医院）始建于1991年，直属于省卫生健康委，是一所具有公共卫生性质的集妇幼保健、医疗、科研、教学、预防、康复和妇幼保健技术指导为一体的省级三级甲等妇幼保健机构，连续3年在全国三级妇幼保健院绩效考核中位列A+等级。目前，医院拥有3个院区（中心院区、北院区、玉函院区），总建筑面积10万平方米。

"泉能"教育：»
"养娃＋充电"硬核操作指南

教育数据大透视

济南目前有中小学（含中职）、幼儿园**2817所**（其中幼儿园1860所、小学561所、初中282所、普通高中69所、特殊教育学校13所、中等职业学校32所），在校学生151.05万人，教职工13.02万人，专任教师10.77万人。

驻济高校（含市属高校）**52所**，全日制在校生**70余万人**，专任教师4.1万人，院士(含双聘院士)69人。一级学科博士学位授权点91个，一级学科硕士学位授权点184个。

萌娃托管无忧

　　济南共有**1860所**幼儿园，其中公办园1157所、普惠性民办园599所。全市幼儿园在园幼儿26.4万人，其中公办园在园幼儿16.2万人，占比61%，普惠性幼儿园在园幼儿25.0万人，占比95%。共有专任教师2.3万人。

"小初高"闯关

　　济南共有普通中小学**925所**，其中小学561所、初中282所、普通高中69所、特殊教育学校13所，共有在校生118.8万人。

济南稼轩学校

　　济南稼轩学校隶属历城二中教育集团，是传承"稼轩文化"的优质民办学校。学校秉持"人生在勤，志达天下"校训及"为每一位师生搭建发展阶梯"理念，培养兼具良好习惯、创新思维与民族责任意识的学子。学校办学特色鲜明，突显活动育人、美育育人、课程育人。学校设施国内一流，环境优美大气，汇聚全国英才师资，办学成果卓越。

济南高新区海川中学

济南高新区海川中学创办于2017年，是一所办学格局开放、教学特色鲜明、成才方式多元并与国际接轨的现代化民办寄宿制完全中学。学校以"祖国高于一切，才华贡献世界"为办学目标，坚持"自主学习、自我管理、自主发展"的"三自教育"理念，走科研兴校和教师专业发展之路。学校致力于培养具有深厚家国情怀、开阔国际眼光和全球视野的全面发展的高素质人才。

山东省实验中学

山东省实验中学始建于1948年，是首批省级重点学校、省级规范化学校、省级特色高中，现有中心校区、东校区（盛福校区）和鹊华校区，在校学生6100余人，教职工500余人。学校努力体现"实验性"和"示范性"的办学特色，鲜明地提出"为每一个学生创造主动发展的无限空间"的教育理念。学校先后获得"全国教育系统先进集体"等数十项国字号荣誉，跻身全国知名高中行列。

济南市历城第二中学

济南市历城第二中学始建于1958年，目前形成唐冶和彩石两校区"一体两翼"办学格局。学校以"人生在勤 志达天下"为校训，坚持"为每一位师生搭建发展阶梯"的办学理念，努力打造拔尖创新人才培养、科技创新教育、艺体教育的"金色名片"。学校获"全国教育系统先进集体"等百项荣誉，学校女足队伍夺得第27届世界中学生足球锦标赛冠军。

济南外国语学校

济南外国语学校是山东省唯一在教育部备案的外国语学校，是教育部确定的具有向重点高校直接输送保送生资格的16所外国语学校之一，是一所与国际接轨的12年一贯制学校，在校师生近7000人。学校秉承"致力于每一个生命的精彩成长"的办学理念，以培养"品德高尚、身心健康、志趣高雅、文理兼优、外语见长、具有国际视野，服务国家需求的卓越创新人才"为目标，拥有雄厚的师资力量、完备的课程体系、鲜明的办学特色。

山东大学附属中学

　　山东大学附属中学创办于1901年，秉承"共享生命成长"的教育理念，践行"学术领导、项目管理、行政服务"的管理策略，充分依托山东大学的优质教育资源，构建"大－中－小贯通式"教育体系，开展拔尖创新人才贯通培养的研究和实践，实施大单元教学、项目式学习、跨学科学习等先进的教学范式，已经发展成为国内具有创新性、引领性的基础教育名校。

山东师范大学附属中学

　　山东师范大学附属中学始建于1950年，是山东省首批省级规范化重点高中。学校以"办更美好的教育，建设具有大学气质的卓越高中"为目标，坚持"以人为本、全面发展"理念，培育了大批品德优良、素质全面、基础厚实、特长明显、具有创新精神和实践能力的优秀学子，被国内众多高校授予"优秀生源基地"称号。

技能职业通道

　　济南共有职业院校**72所**（不含省属高职院校）。其中，市属高校14所（民办本科5所、民办高职2所、公办高职5所、技师学院2所），中职学校58所（含技工学校26所），共开设61个专业大类1015个专业点，其中高校开设643个专业点，中职学校开设372个专业点。现有在校生31.6万人。

高校直通车

驻济高校现有全日制在校学生**74.71万人**，其中博士、硕士研究生5.98万人，本科生45.59万人，专科生23.14万人，专任教师4.11万人。在济高校52所，其中山东大学、山东师范大学、山东财经大学、齐鲁工业大学（山东省科学院）、济南大学、山东第一医科大学（山东省医学科学院）等普通本科高校25所；山东工程职业技术大学、山东职业学院、济南职业学院等高职高专院校20所。另有山东大学龙山校区（创新港）项目正在建设中，空天信息大学正在筹建。

山东大学

山东大学是一所历史悠久、学科齐全、实力雄厚、特色鲜明的教育部直属重点综合性大学，在国内外具有重要影响，1997年进入国家"211工程"建设序列，2001年被确定为国家"985工程"重点建设的高水平研究型大学，2017年迈入世界一流大学建设高校行列。

山东大学前身是1901年创办的山东大学堂，被誉为中国近代高等教育起源性大学。120余年来，山东大学秉承"为天下储人才，为国家图富强"的办学宗旨，培养了大批德才兼备的优秀人才，为国家和区域经济社会发展作出了重要贡献。

作为中国学科门类最齐全的大学之一，山东大学拥有博士学位授权一级学科49个，硕士学位授权一级学科54个，专业学位博士授权类别9个，专业学位硕士授权类别35个，本科招生专业99个，博士后科研流动站46个，涵盖除农学、军事学以外的所有学科门类。现有在校生7万余人，形成了一校三地（济南、威海、青岛）的办学格局。学校着力打造人才集聚新高地，现有中国科学院和中国工程院院士（含聘任制）19人，国家级领军人才258人。建有全国重点实验室11个，教育部人文社会科学重点研究基地4个，其他人文社科类国家级科研平台7个。

空天信息大学（筹）

　　空天信息大学是正在筹建中的山东省属公办普通本科高校，由山东省人民政府主办，是我国第一所以"空天信息"命名的高等院校。学校按照"高起点、小而精、特色强、国际化"的原则，努力建设一所空天信息特色鲜明、产学研用一体化发展的新型研究型大学。学校驻地济南市章丘区，校园规划建设用地约1100亩。

　　学校坚持"四个面向"，学科和专业设置主动服务国家战略和经济社会发展需求，涵盖空天信息技术全领域、产业全链条，围绕航空航天、信息技术、对地观测三大方向，特别在空天通信、深空探测等前沿性、交叉性技术领域，构建以工为主、工理融合、多学科交叉渗透、工理管艺协调发展的学科专业体系。规划办学规模10000人，其中本科生5000人、硕士研究生3000人、博士研究生2000人。

学术影响力显著

　　山东大学数学、化学、临床医学、中国语言文学等4个学科进入国家"双一流"建设学科行列；山东商业职业技术学院为第一轮"双高计划"中国特色高水平高职学校，济南职业学院机电一体化专业群、山东职业学院城市轨道交通车辆技术专业群为第一轮"双高计划"中国特色高水平专业群；60个学科（领域）的学术影响力和贡献能力进入ESI世界排名前1%，9个学科（领域）进入ESI前1‰；驻济19所高校共有国家级一流本科专业建设点267个。

关注"济南市教育局"官方微信公众号

科创实力：
让青年力量破圈生长 》》

数据全景 》 解码城市科创DNA

  济南坚定实施创新驱动发展战略，科技创新实力显著增强，在国家科创版图中的地位愈发凸显。2024年，济南在《自然》杂志评选的全球科研城市百强名单中位居第**31**位，在国家创新型城市创新能力指数排名、中国城市创新能力百强榜中均保持第**15**位。

成果裂变 》 提升科技产业效能

  2024年，济南技术合同成交额926.08亿元，位居山东省第1位。驻济高校院所技术开发和技术转让合同累计成交3150项、成交额27.66亿元。全市科学研究和技术服务业规模以上企业550家，实现营收541.6亿元、同比增长10.4%。累计组织实施"揭榜挂帅"榜单项目120项，项目资金高达8.06亿元。新获批省重大科技创新工程项目26项。驻济高校院所和企业获国家科学技术奖14项、省科学技术奖129项。

系统培育 》 强化科技创新主体地位

  2024年，济南有效发明专利拥有量69673件，同比增长20.65%；万人有效发明专利拥有量74件，同比增长19.62%。全市高价值发明专利拥有量27444件，同比增长23.13%；万人高价值发明专利拥有量29.08件，同比增长22.86%。目前拥有高新技术企业6917家，国家科技型中小企业9165家。2024年，全市高新技术产业产值同比增长9.61%，占规模以上工业产值比重为59.22%，高于全省平均水平5.9个百分点。

顶尖智囊 》高能级项目"C位"出道

低空监视服务网原型系统研制成功

齐鲁空天信息研究院成功构建的低空监视服务网，利用雷达、通信、导航等技术，对低空空域及飞行活动进行实时监测、智能分析和管理，是低空经济发展的关键技术底座，实现了从硬件到软件的完全自主可控。

全球首颗多极化微小卫星合成孔径雷达载荷成功应用

齐鲁空天信息研究院研制的全球首颗高性能多极化SAR（合成孔径雷达）载荷，助力我国首颗低倾角、超低轨合成孔径雷达卫星——海哨1号成功发射，是目前我国最轻的相控阵体制SAR载荷，在全球首次实现1米高分辨条带成像。

（中国科学院空天信息创新研究院）

全球最大直径智能化盾构机"山河号"正式下线

济南重工集团有限公司研制的17.5米超大直径泥水平衡盾构机"山河号"攻克了快速常压换刀装置、管片智能拼装关键核心技术，构建了超大异形构件检测、人工—双模智能控制系统，提升了我国城市轨道交通工程装备和安全建设核心竞争力，标志着我国盾构装备制造打破国外垄断，达到国际领先水平。

（济南重工集团有限公司）

大型自走式采棉机实现国产化替代

山东天鹅棉业机械股份有限公司成功攻克了高速采摘头、重载动力换挡变速箱、高密度棉膜打包成型和收获作业自适应控制等关键"卡脖子"技术，研发了国内首台六行自走式打包采棉机并进行了规模化推广应用，实现了打包采棉机国产化替代。

（山东天鹅棉业机械股份有限公司）

我国首个主粮作物基因编辑生物安全证书获批

　　山东舜丰生物科技有限公司自主研发的矮秆玉米获首个主粮作物基因编辑生物安全证书，是继高油酸大豆、长童期大豆后获批的第3个基因编辑安全证书。与普通玉米相比，矮秆玉米的茎秆更为粗壮，抗风能力增强，更耐密植，从而达到增产目的，且更有利于机械化收割，为国家粮食安全提供种质资源保障。

（山东舜丰生物科技有限公司）

1类新药艾帕洛利托沃瑞利单抗注射液获批上市

　　齐鲁制药有限公司研发的用于治疗宫颈癌的1类新药艾帕洛利托沃瑞利单抗注射液（齐倍安®），获国家药品监督管理局附条件上市批准。该注射液的最大创新点，是全球首个获批上市的PD-1/CTLA-4双功能组合抗体，有助于提升临床疗效和给药便利性，为化疗后复发或转移性宫颈癌患者提供全新治疗选择。

（齐鲁制药有限公司）

2英寸高质量GaN单晶衬底制备及产业化

山东晶镓半导体有限公司实现了低位错密度、低应力集中2英寸GaN单晶衬底批量生产，标志着我国在GaN单晶生长技术、多孔衬底制备技术、单晶衬底加工技术方面实现突破，打破了国际市场垄断封锁，为我国第三代半导体产业发展提供核心关键材料支撑。

（山东晶镓半导体有限公司）

12英寸光学级铌酸锂晶体研制成功

山东恒元半导体科技有限公司研究团队攻克了12英寸铌酸锂晶体生产相关设备的设计、晶体生长及缺陷控制、晶体后处理等全链条关键核心技术，成功研制全球首个12英寸光学级铌酸锂晶体。逐步替代日本进口产品，助力光学级铌酸锂晶体的国产化进程。

（山东恒元半导体科技有限公司）

超导量子计算机"祖冲之三号"研制成功

济南量子技术研究院等单位联合研制的超导量子计算机"祖冲之三号"成功发布，处理量子随机线路采样问题的速度比目前最快的超级计算机快15个数量级，各项性能指标与美国谷歌105比特超导量子处理器"垂柳"相当，为目前超导量子计算的最强优越性。

（济南量子技术研究院）

自主研发无线脑电采集系统打破国外技术垄断

山东中科先进技术有限公司自主研发无线脑电采集系统，系统突破了高性能微针阵列电极设计与制备、多通道电生理信号实时同步采集等关键技术。相比Neuroscan等国际知名同类产品，体积与重量均减小50%，成本降低30%，采集准确率达99%以上。先后推出可穿戴微针诊疗一体康复装置、意念打字系统、脑控无人机系统等脑机接口系列产品。

（山东中科先进技术有限公司）

两项核心产品实现精准医疗设备领域关键技术自主可控

济南国科医工科技发展有限公司自主研制的智能光谱式术中甲状旁腺实时检测仪和光谱式高通量自动化血培养仪，已进入多家三甲医院临床体系。两项核心产品的规模化临床应用，标志着我国在精准医疗设备领域实现关键技术自主可控，为提升基层诊疗水平提供了国产化解决方案。

国际领先的毫克级微小迁飞昆虫监测雷达

北京理工大学前沿技术研究院立足济南，面向山东粮食安全等重大战略，研制了时—空—频—码—极化全域协同昆虫监测雷达，推动了昆虫雷达从群体粗略观测到毫克级个体精细测量的跨越发展，实现了我国昆虫雷达技术从跟跑到领跑的升级。整体技术达到国际领先水平，有力支撑我国雷达昆虫学抢占国际科学制高点。

（北京理工大学前沿技术研究院）

全球首款12英寸碳化硅衬底研制成功

2025年，山东天岳先进科技股份有限公司全球首发全系列12英寸碳化硅衬底产品，包括12英寸高纯半绝缘型碳化硅衬底、12英寸导电P型及12英寸导电N型碳化硅衬底。据《日本富士经济》最新统计，公司2024年全球市场占有率跃升至22.8%，稳居国际第一梯队。

（ 山东天岳先进科技股份有限公司 ）

核脉冲信号数据处理系统打破国外垄断

济南中科核技术研究院研制的核脉冲信号数据处理系统系列产品，实现该领域内高速数据获取与读出、核脉冲快信号模拟与产生等先进方法的自主突破，推动了高端仪器设备的国产化设计和研制，解决了该领域长期被欧美产品设备占领的局面，为基础核科学教学教研发展、实验室科学研究评估、先进核探测整机制造、大科学工程建设等提供了重要支撑。

（ 济南中科核技术研究院 ）

第二篇

以人才之名，拥抱济南

"在济南"

"筑梦泉城，
看繁花似锦"

刚刚好的生态
近 悦 远 来

近悦远来之城，
人人向往之城。

第三章
Chapter Three

候鸟港：
筑巢引凤，礼遇四方英才 »

以法定形式设立"海右人才日"，高规格举办"海右人才节"

　　2023年，济南以"天下泉城聚天下英才——梦响海右 赢在济南"为主题，举办了首届"海右人才节"。2024年2月，经济南市人大常委会审议通过，将每年的6月12日设立为"海右人才日"，并在6月12日至7月12日期间举办"海右人才节"。"栽下梧桐树，引得凤凰来。"济南，正以一座城市的名义和专属节日的方式，向人才致以最高礼遇。

泉城人才公园

　　泉城人才公园位于济南CBD，总占地面积约22公顷，狭长的公园像一条翠绿色的绸带缠绕在"山、泉、湖、河、城"之间，更加印证了它"城市绿洲"的美名。乐跑步道、人才会客厅、泉城书房等9大功能区，让这片珍贵的城市绿地更加满足百姓的休闲需求，让人才与生态相融相生。

推出中英文《走向世界》海右人才专刊

　　为搭建济南链接全球人才的桥梁，聚焦提升城市开放度，济南推出中英文《走向世界》海右人才专刊。专刊每季度公开发行一期，以中英双语、图文并茂的形式，全面反映济南人才工作的创新实践，全面展现各行各业人才的时代风采，全面提升济南人才工作的国际化、开放度。

"天下泉城聚天下英才"主题灯光秀
——致敬每一位来济奋斗的人才

"天下泉城聚天下英才""选择济南 共赢未来""天下泉城 人来无忧""致敬每一位在济南奋斗的人才""诚邀天下英才 共创美好未来"……这些标语在经十东路奥体片区、绿地中心和济南西客站片区的大屏幕上循环播放,让各路英才感受到"济南 等您来"!

全力打造济南海右人才学院

济南海右人才学院位于济南中央商务区齐鲁科技金融大厦内,建有海右路演厅、融媒体中心等高端培训设施。学院充分发挥济青人才集聚平台建设核心区、全国科创金融改革试验区、济南创新创业项目集中承载区叠加的区位优势,积极打造开放包容、多元协作、共建共享的人才赋能服务体系。

打造高品质"类海外"人才环境

　　济南着力打造宜业、宜居、宜学、宜医、宜乐、宜融"类海外"人才环境，建有涉外服务港29个、国际人才俱乐部11个、国际化社区12个。

　　对涉外服务港、国际人才俱乐部等宜业项目，可招收外籍子女入学的中小学和有留学项目的高等职业院校打造的宜学项目，国际医疗服务标准化单位等宜医项目，分别给予10万元扶持引导资金；对国际友城花园、国际化社区、国际人才社区等宜居项目，给予10万—30万元扶持引导资金；对国际文体交流活动、外籍人士之家、符合条件的文娱信息多渠道发布等宜乐项目，给予2万—10万元扶持引导资金；对市民国际素质提升、公益活动等宜融项目，给予2万元扶持引导资金。

建设汉峪金谷国际人才街区

　　济南依托高新区汉峪金谷片区，打造"一轴多点"国际人才街区。以华悦路为主轴，集聚山东人才大厦、城市候机楼、招商会客厅、人才驿站、友城花园等功能节点，配套建设酒店式公寓、书店、咖啡馆、智慧警局、智能物业中心，构建集居住、办公、交流、创新于一体的服务网络，着力营造宜居宜业、便捷高效的国际人才发展生态，全面提升高端人才和外籍人才的归属感、获得感。

校友圈：

梦想不用去寻找，
我在济南刚刚好 》》》

《济南市支持新时代校友经济发展措施20条》

2024年，《济南市支持新时代校友经济发展措施20条》出台，从"建立校友双创全生命周期服务保障机制""拓展校友来济创新创业""完善校友来济创业融资政策""强化校友双招双引激励""制定礼遇校友专有政策""建立健全校地协调机制"6个方面推出了系列支持措施。

》》》 扫码观看泉城校友之歌《你还记得吗》

为全城大学生举办开学、毕业"双典礼"
——"开学 筑梦在泉城""毕业 当燃在济南"

以城市之名，用最高规格为驻济高校毕业生和迈入大学的新生举办毕业典礼、开学典礼。从市委书记每年参加"毕业礼"，发出青春邀约，到市长每年参加"开学礼"，发出城市邀请，为济南大学生提供"开学 筑梦在泉城""毕业 当燃在济南"的专属礼遇，构建起济南大学生特色城市融入体系，让广大青年学子遇见济南、选择济南，奋斗青春、成就未来。

济南校友经济创新发展大会
暨校友经济双招双引大会

2025年7月，第二届大会隆重举行，汇聚来自128所国内外高校的481名校友企业家、校友高层次人才代表，以及40名全国重点城市校友组织负责人。校友经济作为连接高校智慧与城市发展的桥梁，成为聚才聚智、聚力聚势的重要引擎，使济南跻身全国校友经济六大高峰城市。

全球校友大会

　　2024年10月19日，首届全球校友大会在山东大学举行。目前分布在全球的山大校友多达70万人，山大华天、兰剑物流、山大地纬等一批留济山大校友创立的企业正加速发展壮大。

济南着力打造
"高校+校友+资金+产业+城市"
有机融合、共同成长、相互支持、共赢发展的新模式。

建立"1+1+4+N"校友经济工作机制（第一个"1"是制定1项政策——《济南市支持新时代校友经济发展措施20条》，第二个"1"是举办1次盛会——济南校友经济创新发展大会暨校友经济双招双引大会，"4"是指成立济南校友经济发展工作专项小组、发展促进会、发展研究中心、发展联盟等4个机构，"N"是指建设"泉城校友之家"、"泉城校友会客厅"、校友经济楼宇等多个载体），常态化开展校友经济活动，整合校友资源，促进校地、校友共同发展。

招贤令：
请收下这份人才邀请函 »

中国（济南）新动能创新创业大赛

　　自2018年开始，中国（济南）新动能创新创业大赛已接续举办8届。大赛大力引进海内外高层次人才和团队来济南创新创业，吸引集聚一批原创性、独创性、引领性强的高科技项目，助力济南新旧动能转换和高质量发展，成为济南招才引智的关键载体和吸纳全球创新创业资源的重要窗口。

中国·济南高层次人才招引大会

中国·济南高层次人才招引大会于每年3月20日和9月20日在山东国际会展中心固定举办。大会聚焦济南市主导产业，设大数据与新一代信息技术、智能制造与高端装备、生物医药与大健康、现代农业及乡村振兴等重点产业招引专区，并设置济南都市圈、济青人才高质量发展轴带人才招引专区。每届大会组织2000余家用人单位参加，提供优质职位2万余个，吸引海内外超5万名人才到场，参会硕博高层次人才占比超50%，市外人才占比达55%，省外人才占比达25%。

青年科学家创新发展大会

青年科学家创新发展大会每年举办一次，主要围绕促进青年科技人才成长发展、构建青年科技人才集聚高地的目标，开展主旨报告、对话交流、成长讲坛、国情研修、系列沙龙、政策宣讲、成果发布等系列活动。

才聚泉城高校行

坚持走出去和引进来并重，每年固定开展"才聚泉城高校行"活动，聚焦全市"13+34"产业链，组织重点用人单位赴清华大学、北京大学、上海交通大学等全国知名高校开展专场引才，同步举行城市推介、校地座谈、产学研项目对接等特色活动。累计在61所高校设立"济南市人才工作联络站"，选聘156名"济南市招才引智大使"，与110所高校签订高层次人才合作框架协议，在加快人才引进、拓展校地合作、深化产教融合等方面取得良好成效。

刚刚好的服务
助力梦想

第四章
Chapter Four

你只管破茧成蝶
我们负责编织春天

领域细分·精准育苗 >>>

建立人才分类动态调整协调机制，按照人才能力水平和业绩贡献，将人才分为五个层次：国内外顶尖人才（A类）、国家级领军人才（B类）、省级领军人才（C类）、市级领军人才（D类）、优秀专业人才（E类）。

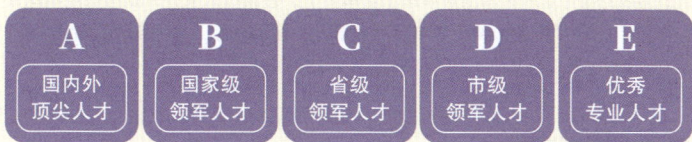

A	B	C	D	E
国内外顶尖人才	国家级领军人才	省级领军人才	市级领军人才	优秀专业人才

A类人才

　　主要包括诺贝尔奖获得者，国家最高科学技术奖获得者，中国科学院院士，中国工程院院士，中国社会科学院学部委员，发达国家科学院院士或者工程院院士，相当于上述层次的顶尖人才。

B类人才

　　主要包括国家级人才工程人选，国家杰出青年科学基金获得者，国家自然科学奖、技术发明奖、科学技术进步奖、一等奖前2位完成人，中国政府"友谊奖"专家，百千万人才工程国家级人选，担任过世界500强企业地区总部总经理（董事长），国家级教学成果奖特等奖前3位主要完成人，相当于上述层次的领军人才。

济南持续构建"天下泉城、人来无忧"
全生命周期人才服务体系

C类人才

主要包括国家自然科学奖、技术发明奖、科学技术进步奖一等奖除前2位之外的完成人、二等奖前2位完成人，中国国际科学技术合作奖获得者，省、部自然科学奖、技术发明奖、科学技术进步奖一等奖前2位完成人，省科学技术最高奖获得者，泰山学者、泰山产业领军人才，中央宣传部、国家科技部、国家人力资源社会保障部、国家教育部等中央和国家部委有关人才工程（计划）入选者，国家级实验室、研究中心、技术中心主任，担任过中国500强企业、中国民营企业300强企业地区总部总经理（董事长）、首席技术官，享受国务院特殊津贴专家，入选"国家级博士后专项引进计划"的博士后，国家级教学成果奖一等奖前2位主要完成人，相当于上述层次的领军人才。

D类人才

主要包括国家自然科学奖、技术发明奖、科学技术进步奖二等奖除前2位之外的完成人、三等奖前2位完成人，省、部级自然科学奖、技术发明奖、科学技术进步奖一等奖除前2位之外的完成人、二等奖前2位完成人，部分省"齐鲁系列"和市级重点人才工程入选者，经济南市认定为总部企业的高级管理人员、专业技术人员，"济南大工匠"获得者，相当于上述层次的领军人才。

E类人才

主要包括部分市级专业领域人才工程（计划）入选者，济南市规模以上企业获市级以上奖励的主要经营管理人才或职业经理人，具有国内外全日制博士、硕士学历学位的人才，"济南工匠""济南手造工匠"获得者，相当于上述层次的优秀专业人才。

对新就业形态、哲学社会科学、文化艺术和体育以及网络安全、知识产权、技术转移、法治、贸易、机器人等领域的高层次人才，按照《济南市新就业形态高层次人才分类认定办法（试行）》《济南市哲学社会科学、文化艺术和体育高层次人才分类认定办法（试行）》《济南市部分重点领域高层次人才分类认定办法（试行）》《济南市法治、贸易、机器人领域高层次人才分类认定目录（试行）》等进行人才分类认定。

对济南产业发展急需、社会贡献较大、现行人才目录难以界定的特殊人才、专业人才，经市人才分类协调小组认定后，享受相应的人才政策。

资质通行·服务同城 >>>

为了让济南都市圈展现出更优化的人才发展生态，济南建立了济南都市圈人才服务联盟和联席会议机制，推进职称证书互认、人才卡互通和人才招引联动。

具体措施 >

◆ **建设山东博士（后）国际创新创业园**

聚焦高层次人才创业，构建"人才创业项目+企业孵化园区+产业加速园区"的全周期孵化体系，打造功能复合、服务专业、全国领先的高层次人才创业高地。

◆ **人才人事制度改革**

完善专精特新中小企业和制造业单项冠军企业董事长"举荐制"，向企业下放中级职称评审权。

◆ **技能人才高质量发展**

让优秀高技能人才参评省级、国家级重点人才工程，对贡献突出的破格认定特级技师和首席技师；对技工开展订单式培养、套餐制培训；全面对接省赛、国赛，以赛选才、育才。

校地共链·产教融合 >>>

城市与高校本是"命运共同体"。城市的发展,不仅需要汇聚合力,还需要集聚众智。今天的济南,城市与大学合作交流愈加密切热络,彼此相互助力发展。

2025年,印发《济南市深化市校融合发展促进科技成果转化的若干措施(2025版)》,围绕全市四大主导产业、十大标志性产业链群、现代农业和未来产业等,聚焦高校科技成果转化和产业化,促进创新链和产业链深度融合,提出5方面共20项举措。

金融支持 · 海右引航 >>>

◆ "人才基金"育苗行动

设立海右人才投资基金，其中直投业务投资于济南市产业领军人才项目，支持初创期人才企业发展，单笔投资不超过**500万元**，投资期一般为**3—5年**，人才子基金业务重点投资济南市范围内优质的初创期、早中期人才企业。

◆ "人才贷款"赋能行动

开展"人才贷"财政贴息和风险补偿，对合作银行针对人才企业开展的"人才贷"业务，**1000万元**贷款额内超出一年期LPR利率部分给予**60%**贴息；对合作银行备案后发生风险形成实际损失的（每人贷款额不超过1000万元，每家企业贷款额不超过5000万元），市级以上人才或其所在企业发生的"人才贷"贷款风险，由市财政对损失额的**50%**给予补偿。

◆ "人才知融"扶智行动

对开展知识产权（专利权）质押融资的人才企业，按期还本付息后，缴纳的专利权贷款利息可按**40%**获得最高**30万元**资助，保险费可按**40%**获得最高**4万元**资助，评估费（价值分析费）可按**50%**获得最高**5万元**资助，担保费可按**50%**获得最高**5万元**资助。

◆ "人才保险"护航行动

国家、省重点人才工程入选者创（领）办的企业，给予创业保险保费金额**100%**一次性补贴，每家企业不超过**30万元**；市级重点人才工程入选者创（领）办的企业，给予创业保险保费金额**80%**一次性补贴，每家企业不超过**18万元**。

服务金卡·专属通道 >>>

海右人才服务金卡

为D类以上人才发放海右人才服务金卡，持卡的高层次人才可在创业投资、医疗保健、交通社保、出入境、户政等方面享受及时高效的专项服务。

支持对象

符合《济南市高层次人才分类认定目录》规定的A、B、C、D类人才。

支持政策

出入境	符合条件的外籍高端人才，可办理R（人才）签证及2—5年居留证件。设立签证紧急事务快速通道，缩短签证业务办理时限。符合条件的外籍人才可过境免签入境济南，在规定省市区内停留240小时（10天），无需办理签证。对需紧急入境但未能在我国驻外签证机关办理R字或F字签证的外籍人才，可凭科技（外专）部门签发的确认函或邀请函，直接在机场口岸签证机关申请R字或F字临时签证入境（30日以内），入境后如需延长停留时间按规定办理。
户籍办理	引进的高层次人才及其配偶、未婚子女要求将户口迁入我市的，可以选择在市内合法稳定住所落户，无合法稳定住所的可以选择在单位集体户、市人才服务中心人才集体户或工作地所在区县（含济南高新区、市南部山区、济南新旧动能转换起步区）人才中心人才集体户落户。
住房保障	对符合条件的A类国内外顶尖人才，采取"一事一议"的方式，解决住房问题。引进的D类及以上人才购买住房需办理房产交易、查询房产证明等业务的，可通过绿色服务通道办理。
编制保障	设立海右"人才驿站"编制池，在全市范围内调剂1000名事业编制纳入编制池，滚动使用、动态管理。对来济创新创业具有事业身份的D类以上人才和符合海右"人才驿站"管理办法的人员，5年内保留事业身份，并享受事业身份人员的人事档案管理、档案工资晋升、职称评审、社会保险等服务。

岗位聘用	全职引进到我市事业单位工作的A、B、C类高层次人才，首次进行岗位聘用时，相应岗位没有空缺的，可根据资格条件突破单位岗位总量和最高等级结构比例限制，使用特设岗位聘用。
职称评审	A、B、C、D类专业技术人才，可不受学历、任职年限和继续教育等条件限制，直接申报副高级职称。港澳台专业技术人才以及持有外国人永久居留证或海外高层次人才居住证的外籍人才，业绩成果符合职称评审标准条件的，可以不受原职称资格限制，直接申报相应级别的职称，其海外工作、学术和专业技术贡献，均可作为参评依据。
配偶随迁安置	对从市外引进并在济南落户的，来济创业或与用人单位签订5年以上工作合同的D类以上人才的配偶，可由引进单位或单位所在区县组织、人力资源社会保障部门根据有关政策规定，依据"双向选择"的原则，优先推荐安置到性质相同或相近的单位工作。
医疗保健	D类以上人才享受一年一次免费体检。在定点医院就诊，可享受门急诊、住院、出诊、专家会诊等专人引领、全程陪同的绿色通道服务。进一步扩大市定点诊疗医院覆盖面。
社会保险	高层次人才申请办理各项社会保险关系转移接续的，各级社会保险经办机构应为其提供预约服务，受理材料后即时审核、限时办结。
企业登记	高层次人才申请企业登记服务时凭海右人才服务金卡享受绿色通道服务，即时审核、限时办结。
税务服务	高层次人才在办理有关涉税事项时，税务部门提供预约、"一对一"个性化咨询服务，可享受纳税绿色通道服务。符合条件的高层次人才可按规定享受相关税收优惠政策。
海关服务	高层次人才进出境时，凭海右人才服务金卡，海关给予通关便利。对回国定居或者来华工作连续1年（含1年）以上的高层次留学人才和海外科技专家，进境规定范围内合理数量的科研、教学物品，海关依据有关规定予以免税验放。
金融服务	高层次人才在市内指定商业银行、商业保险机构凭海右人才服务金卡享受绿色通道窗口或预约专员服务，外汇指定银行优先为高层次人才设立的外商投资企业开立外汇资本账户、经常项目外汇账户，提供外汇资本金结汇等服务。

科研服务	积极推荐高层次人才申报科技项目，优先为高层次人才提供大型科研仪器设备共享使用等服务。
交通出行	D类以上人才在机场、高铁站等出行时，凭海右人才服务金卡、本人有效身份证件和当日当次飞机、火车票，本人及1名陪同人员可享受绿色服务通道。在机动车登记、驾驶证申领审验时，可优先办理。
旅游健身	高层次人才持海右人才服务金卡、本人有效身份证件，进入济南政府投资的公园和AAA级以上旅游景区免购门票入园，在济南各级体育部门所属公共体育场馆免费健身。
休假疗养	高层次人才优先受邀参加各级、各部门组织的专家休假活动。按照国家和省、市重点人才工程政策享受休假疗养、专题培训待遇。
劳动维权	设立公共就业服务中心投诉举报处服务专窗和劳动人事争议调解仲裁专窗，为D类以上人才提供劳动保障法律法规政策咨询及相关维权服务、劳动人事争议政策咨询及仲裁申请等服务。
家庭教育	在济南市家庭教育指导中心、社区（村）家长学校、家庭成长驿站等家庭教育指导服务站点举办家庭教育讲座、工作坊等家庭教育实践活动，全市D类以上高层次女性人才可关注"泉城女性"公众号，在"第一课堂"数字化家庭教育平台提前预约、免费参加活动，同时将根据女性人才需求设置专场活动，为女性人才讲授科学家庭教育理念和知识，提升女性人才科学育儿水平，为女性人才解决后顾之忧，助力家庭和睦、社会和谐。

得到这张"金卡"的方法也相当便捷，D类以上人才自动配发"海右人才服务金卡"（虚拟电子卡），在微信公众号"人才泉城"或"济南人才服务"的"微官网"中输入认证信息即可获取。

扎根计划·心泊暖巢 >>>

济南虽然是**著名**的**宜居城市**，但房价却没有"高不可攀"，主打一个**性价比**。而且，对于人才，济南还推出各种保障措施，不会让你的"扎根计划"变成一座大山，压得你喘不过气来。

配售型保障房

2024年，全市筹集配售型保障房6000余套，以**"保本微利"**的原则面向人才开展配售。

人才公寓申请流程

目前，市级人才公寓丁家庄泊寓项目定向保障济南引进的高层次人才和市级引进的重点单位（项目）、科研团队人才。项目毗邻地铁，室内配套齐全，均可拎包入住。

1.申请受理：人才公寓由人才所在单位统一申请（通过柔性引进或项目合作方式引进的团队，可由引进或合作单位申请），申请单位申报房源需求（包含意向项目、房型、数量、申请入驻的人才信息、承租时限等事项）。

2.审核分配：市保障性住房服务中心核验相关信息并经人才办同意后，形成分配意见。

3.签订合同：申请单位与市保障性住房服务中心签订租赁合同。

4.办理入住：人才公寓运营服务单位与承租人签订人才公寓服务合同，办理入住手续。

保障性租赁住房申请流程

◆ 线上申请

1.提出申请：申请人通过"爱山东"APP"泉城安居"板块提出申请并填写基本信息，审核通过的发放泉城安居卡电子卡。

2.选择房源：取得泉城安居卡的申请人，在泉城安居平台选择房源并提出租赁意向。

3.签订协议：经核验符合申请条件的申请人，与租赁企业在线签订租赁协议，并享受租金优惠。

◆ 线下申请

可通过相关区住房城乡建设部门窗口提出申请，核验通过后与保障性租赁住房运营管理机构线下达成租赁意向并签订协议。

人才购房补贴申请流程

符合条件的A类人才实行**"一人一策、一事一议"**，B、C、D类人才最高可领取**40万—100万元**，分**3**年发放；符合条件的全日制硕士、博士研究生可分别最高领取**10万元**、**15万元**，一次性发放。

◆ 补贴申报

人才购房补贴实行常态化申报，用人单位通过济南人才网（http://rc.ji-nan.gov.cn/）购房补贴系统注册，申请人填报相关信息，提交至用人单位。

◆ 审核及公示

区县住房城乡建设部门与民政等系统挂接，通过信息自动比对方式查验申请家庭的婚姻、人才类别等信息，审核通过的人员名单在济南人才网公示。

◆ 发放

公示期满无异议的，购房补贴发放申请人社会保障卡金融账户。

人才租房补贴申请流程

毕业5年内的专科、本科高校毕业生，在济南无房、租赁住房居住的，可申请租赁住房补贴。本科毕业生最高补贴**2.52万元**（700元/月），专科毕业生最高补贴**1.8万元**（500元/月），最长可领取**3**年。

◆ 申请及审核

申请人下载**"爱山东"APP**，注册个人账号，填报申请家庭信息，符合条件的，系统自动发放泉城安居卡电子卡。取得泉城安居卡的申请人向用人单位提出补贴申请。

◆ 核准

　　相关区住房城乡建设部门对申请人的户籍、学历学位、租赁住房等信息进行比对及核准工作，符合条件的，按规定予以公示。

◆ 发放

　　符合条件的，每季度末月将前3个月补贴发放至申请人的泉城安居卡。

租房秘籍

▶ 人才公寓租金参考价格

❖ 高层次人才

　　人才公寓最长享受期为**5年**，经认定的D类（含）以上人才居住人才公寓，可享受最长免租**5年**的租金优惠。驻济企业、市级及以下事业单位引进的博士研究生，首次承租集中筹集人才公寓时，可享受最长不超过**3年**的租金减免优惠。

　　其他各类人才居住首年可按照租金标准的**30%**缴纳房租；次年按照租金标准的**50%**缴纳房租；第3至5年按照租金标准的**70%**缴纳房租。

❖ 人才团队

　　驻济高校、医疗机构以及市委人才办认定的人才团队可通过整租方式承租集中筹集人才公寓，签约周期最长不超过3年，结合承租年限执行阶梯化租金，承租3年、2年、1年的分别享受市场租金的**3折**、**4折**、**5折**优惠。

▶ 保障性租赁住房

　　分为市、区两级平台运营，根据不同的位置、不同的户型（一居室、二居室、三居室），价格有所差异，保障性租赁住房原则上不高于同地段同品质市场租赁住房租金的**90%**。

住房公积金补贴

　　为符合条件的来济就业毕业生发放住房公积金缴存补贴（首次缴存补贴300元/人，留济补贴1200元/人），给予单笔住房公积金贷款最高**20万元**额度支持。可在"爱山东"APP内的"青春聚济　筑梦泉城"专区申请，审核通过后，相关补贴计入个人公积金账户。

人才生活补贴

　　为符合条件的博士研究生最高补贴**5.4万元**（1500元/月），硕士研究生最高补贴**3.6万元**（1000元/月），最长补贴**3年**。

　　为符合条件的A类人才最高补贴**30万元**（5000元/月），B类人才最高补贴**24万元**（4000元/月），C类人才最高补贴**18万元**（3000元/月），D类人才最高补贴**12万元**（2000元/月），最长补贴**5年**。

　　高层次人才生活补贴与市级统筹人才公寓不能同时享受，每人每年度内只可享受其中一项政策，享受年限累计计算。高层次人才生活补贴与租赁住房补贴（硕博类）不重复享受。已申请并享受高层次人才购房补贴的，不再享受生活补贴。

青年驿站

　　济南现在有**100家**"青年驿站"，常态化设置床位**2000张**，为来济求职青年提供免费短宿、岗位推荐、政策解读等"一站式"服务。原则上每人每年可申请免费入住**2次**，每次不超过**7天**，如有特殊情况，可延长至**14天**。

▶ 申请条件

　　来济南市创业、到市内企事业单位求职、参加政府部门组织的人才活动和招聘会的毕业生，以及非济南籍市内五区（历下区、市中区、槐荫区、天桥区、历城区）毕业生。

　　年龄18至35周岁，博士毕业生可适当放宽。

　　身心健康，无重大疾病或传染病，无严重心理疾病。

▎▶ 申请方式

符合条件且有意入住青年驿站的青年人才，免费住宿前需提前2—3天申请

❯❯ 方式一

"青春济南"微信公众号——选择"青年驿站"项目——选择"青年驿站"板块——填写相关信息，审核通过后即可申请入住。

| "青春济南"微信公众号 | 选择"青年驿站"项目 | 选择"青年驿站"板块 | 填写相关信息 | 审核通过 | 申请入住 |

"青春济南"微信公众号 ❯❯ ❯❯

❯❯ 方式二

微信直接搜索"优徕山东"小程序——选择"青年驿站"板块——填写相关信息，审核通过后即可申请入住。

| "优徕山东"小程序 | 选择"青年驿站"板块 | 填写相关信息 | 审核通过 | 申请入住 |

优徕青年社区

　　"优徕青年社区"项目通过系统整合全市国有运营机构房源，在筹建阶段统一植入优徕LOGO，统一软硬件基本配备，让青年安心"拎包入住"。开发"青年优徕"租住小程序并接入团市委公众号"青春济南"，方便青年"一键办成"。

人才就医·绿色护航 >>>

◆ D类以上人才享受**一年一次免费体检**。

> D类以上人才凭海右人才服务金卡在定点医院就诊，可享受门急诊、住院、出诊、专家会诊等专人引领、全程陪同的绿色通道服务。

>>

海右人才医疗保健服务名片
扫码了解更多信息

通勤畅行·文旅惠享 >>>

　　E类以上人才、在济南市区域内就业创业的"山东惠才卡"持卡人，以及在济就业的全日制本科以上应届毕业生可申领**"海右人才交通卡"**，**3年**内免费乘坐公交、地铁等城市公共交通。

　　符合条件的人员在"369出行"APP审核通过后，携带本人二代身份证原件、10元押金和近期2寸正面免冠彩照一张，至济南公交指定的电子车票网点办理（也可通过线上办理，邮寄到家）。

　　D类以上人才在机场、高铁站等出行时，凭**"海右人才服务金卡"**可享受绿色服务通道。

（"海右人才交通卡"办理流程可扫描二维码了解）

情定泉城·"缘"来是你 >>>

在济南，不仅能搞好事业，还能收获爱情。在"花朝节""5·20""七夕节""双11"期间，济南常态化举办各类青年人才交友活动，连续多年在大明湖超然楼广场和济南国际会展中心广场为青年人才举办集体婚礼。同时，还为在济南办理结婚登记的青年人才免费发放"泉城有喜·和合双泉"新婚贺卡，为人才赠送新春"福"字和春联。

"YEAH归人" · 泉民夜校 »»»

对于想利用业余时间多学习的市民，济南采用延时开放、公益收费的模式，为18至55周岁的市民提供文化艺术类普及教育，而且课程更加现代、新鲜、务实。

◆ 为职场新人定制

AI工具实操、即兴演讲课，助你站稳发展"第一台阶"。

◆ 给创业者添把火

新媒体运营、短视频IP孵化，配套资源对接会。

◆ 让新济南人扎根

传统文化体验、泉城文化沙龙，在文化认同中找到归属。

◆ 助斜杠青年破圈

无人机、美妆、咖啡，跨界社群激活无限可能。

这座以"开埠"精神拥抱世界的

千年古城，

正用政策迭代的魄力、服务升温的诚意，

让每一位人才

都看得见、摸得着

济南呵护广大人才的"政策形态"。

刚刚好的机遇

共赴美好

第五章 **Chapter Five**

人才政策是一座城市
—— 最好的邀请函 ——

向前跑 繁花似锦

　　济南大力实施人才强省会战略，聚焦"人才政策在同类城市中始终保持比较优势"这一定位，持续完善全市"1+N"人才政策体系。"1"即每年动态评估、优化完善济南人才政策"双30条"，为顶尖人才、领军人才、青年人才、留学人才等各类人才来济发展提供全面支持；"N"即按照"小切口、有特色、可量化"工作要求，聚焦细分领域，先后出台新就业形态、哲社文体、网络安全、知识产权、技术转移、法治、贸易、机器人等高层次人才认定办法及加强高技能人才队伍建设等政策措施，推动"人人皆可出彩、人人皆可成才"。

持续动态优化
人才政策"双30条"

人才政策"双30条"（人才服务支持政策30条、人才发展环境政策30条）既是济南为广大人才精心准备的"大礼包"，也是济南发出的诚挚"邀请函"，充分彰显了济南市委市政府尊才、爱才、留才、用才的诚意和加快打造黄河流域人才集聚高地和创新高地的信心决心。

在这里，政策不仅仅是纸面的条款，更是攀登时铺就的路、前行时点亮的灯，点燃奋斗激情，成就人生梦想！

2025年3月，济南对人才政策"双30条"再优化、再丰富、再提升，修订出台济南市人才政策"双30条"（2025版）。

2023年12月，济南对人才政策"双30条"进行优化调整，形成济南市人才政策"双30条"（2024版）。

2022年7月，济南发布人才政策"双30条"。

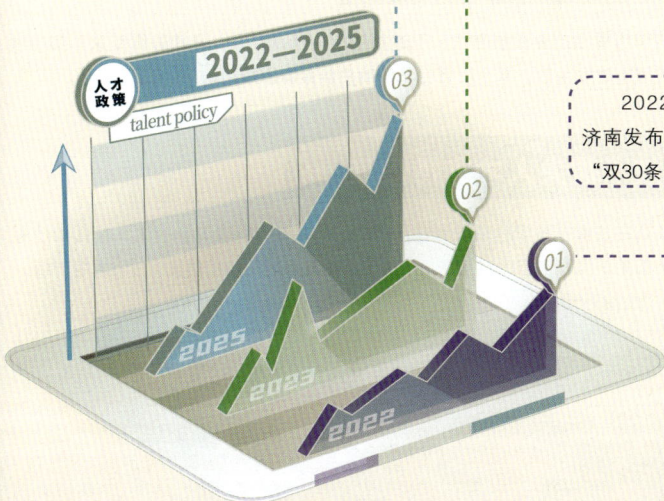

2022—2025

人才政策
talent policy

03
02
01

2025
2023
2022

高层次人才支持政策

顶尖人才集聚支持政策 》》

对从济南区域以外引进的，根据现行政策支持力度不够或按照常规政策程序不能满足快速引进需求，急需采取特殊政策、灵活方式快速引进的顶尖人才，采取"一事一议"方式支持，给予最高**500万元**个人补助、最高**1000万元**项目引导资助，对有融资需求的创业顶尖人才给予财政股权投资支持。

产业领军人才支持政策 》》

突出"高精尖缺"导向，集中力量引进、培养一批我市产业发展急需的、具有重大引领带动作用的，从事产业技术攻关、科技成果产业化、企业经营管理变革、生产工艺革新的领军人才。对入选的全职创新人才给予**100万—300万元**资金支持；对入选的兼职创新人才给予**50万—150万元**资金支持；对入选的创业人才给予**100万—300万元**创业启动资金；对入选的经营管理人才、技能领军人才给予**30万—100万元**资金支持。在市级人才政策中，专设空天信息（低空经济）、人工智能、机器人、新能源装备4大领域人才名额，给予最高**1000万元**补贴。

高端外专集聚支持政策 》》

围绕济南市重点产业发展需求，引进并重点支持高层次、紧缺外国专家，实行项目资助，按照有效发生额，单个项目每年资助总额最高**30万元**，连续资助**2年**。

专业技术拔尖人才支持政策 》》

支持长期在济南市各学科领域和经济社会发展各行业从事专业技术、经营管理等工作，水平领先、贡献突出的优秀人才，每2年选拔一批，每批选拔120人左右，每人享受一次性津贴2万元。

我在济

青年人才支持政策

海聚泉城专项人才"蓄水池"支持政策 »

聚焦人工智能、高端数控机床与机器人、空天信息、新能源装备等全市标志性产业链，通过遴选论证方式，面向海内外引进支持一批掌握核心技术、具有高成长潜力的创新创业人才，为全市新质生产力培育、未来产业发展及重点专项人才工作，提供人才储备支撑。

每年遴选10名左右优秀青年科技创业人才，给予**50万元**一次性资金支持；对标重点领域人才工作，每年遴选15名左右高层次人才，给予**50万元**资金支持。

入选人才纳入海右人才基金重点支持范围，给予股权投资支持；提供"海右人才"政策服务团、金融服务团、法律服务团、知识产权服务团及科技经纪人、市场营销专家、管理咨询专家等全方位支持服务。

博士后支持政策 »

支持驻济企事业单位设立国家博士后科研流动站、博士后科研工作站、省博士后创新实践基地，对设立流动站、工作站、基地的单位给予**15万—45万元**资金扶持。对新入站的全职博士后，按在站从事科研实际工作月数，给予每人每月**5000元**生活补贴，最多不超过**24个月**。

聚焦全市标志性产业链，每年支持一批科技创新能力强、应用转化前景好的市属企事业单位在站博士后人才项目申报济南市博士后创新项目资助，每年评选10个左右，根据评选情况分别给予**7万元**、**5万元**项目资金扶持。

博士后出站后在济南创业或在驻济企业单位工作并签订3年以上劳动合同的，给予**30万元**留济补贴；在驻济事业单位工作并签订3年以上聘用合同的，给予**20万元**留济补贴。

支持一批处于初创阶段，创新能力强、发展潜力大、市场前景好的博士后创业企业，每年评选重点类创业企业、优秀类创业企业10家左右，分别给予**50万元**、**30万元**创业支持资金。

海外留学人才支持政策 »»

支持在全球TOP200高校或ESI全球学科排名前1‰海外高校自费取得硕士学位(含)以上的人员在济就业创业,符合条件的,按照留学年限,分别给予博士**5万元**/学年(总额不超过30万元)、硕士**2万元**/学年(总额不超过6万元)的留学费用补贴。

青年人才系列政策 »»

全国在校大学生线上申请"畅游卡",审核通过后,可享受累计**30天**(1年可申请2次,每次15天)免费公交地铁出行、免费游览部分公园景区服务。在校大学生入住青年驿站享受**8折**优惠,外地来济求职应届毕业生每人每年可申请免费入住**2次**青年驿站,累计最长**14天**。

在校大学生经预约申请通过后,可免费在市属国有剧场观看相关演出。常态化组织开展"泉城名企开放日"、青年人才专场联谊交友活动,举办济南市青年人才集体婚礼,在"海右人才节"、创新创业大赛、高层次人才招引大会、大学生开学季毕业季等重要时间节点,举办人才主题灯光秀。

高校毕业生创业担保贷款 »»

支持高校毕业生在济南自主创业,个人创业的,可提供**30万元**创业担保贷款额度;对符合个人创业担保贷款条件的借款人合伙创业的,按照每个创办企业借款人最多不超过(含)3名合伙人,最高不超过符合条件的个人创业担保贷款额度上限之和的**110%**。

优秀大学生支持政策 »»

设立济南奖学金,每年从驻济高校遴选**500名**优秀毕业年级学生进行奖励,每人**3000元**;择优遴选10—20名拟在济南就业或深造的获奖学生,每人奖励提高至**1万元**。

每年支持**500名**国内外知名高校学生到济南市党政机关、企事业单位开展实训实践,实际出勤达20个工作日及以上的,给予每人**2000元**的补贴;对非驻济知名高校毕业1年内来济参加面试的毕业生,给予**1000元**一次性求职补贴。

行业领域人才支持政策

哲学社会科学人才支持政策 »

聚焦提升济南城市软实力，支持哲学社会科学领域学科带头人、中青年学术骨干、创新团队，每年遴选1次，管理期2年，每次分别遴选10人左右、30人左右、10个左右，分别给予**30万元**、**5万元**、**10万元**经费支持。

文化艺术人才支持政策 »

"宣传文化领军人才"重点支持培养一批造诣较高、成绩显著、潜力较大的宣传文化领域优秀中青年人才，每2年评选一次，每次选拔20人左右，每人每年资助**2万元**，管理期2年；"宣传文化骨干人才"重点支持培养一批扎根基层、贴近群众、实绩突出的基层宣传文化人才，每2年评选一次，每次选拔40人左右，每人每年资助**1万元**，管理期2年；"文化艺术优秀人才百人行动"重点扶持"艺术大师工作室""艺术名家工作室""首席艺术家""高层次艺术人才""青年艺术人才""优秀民间艺人""优秀艺术人才团队"和"考古领军人才"等八类项目。其中，单个项目最高支持资金**300万元**。

工程师支持政策 »

支持我市企事业单位引进的曾在海外从事工程、技术和管理等工作，掌握核心技术、关键工艺、先进方法的外籍专业人才，按照有效发生额，给予每年不超过**10万元**资助，连续资助2年。支持企业从市外引进我市新动能发展所需要的工程师等一线技术人才，按照正高级工程师每人**20万元**、高级工程师每人**10万元**的标准给予企业引才补贴，同年度同一家企业补贴不超过**100万元**。

高技能人才支持政策 »

选拔一批在济南市生产一线从事技术技能工作，具有良好职业道德、高超技能水平、丰富实践经验、业绩贡献突出，在全市乃至全省本行业（领域）影响带动作用大、得到广泛认可的优秀高技能人才，每2年评选一批首席技师，每人每月享受津贴**1000元**，管理期4年。每年培育"济南大工匠"不超过5名、"济南工匠"不超过30名、"济南手造工匠"不超过10名，给予"济南大工匠"每人一次性资助**5万元**，"济南工匠""济南手造工匠"每人一次性资助**1万元**，管理期4年。

鼓励企业开展高级工及以上等级评聘，每年择优遴选5个企业作为"高技能人才评价标杆企业"，给予每个企业一次性补助10万元。积极推进"新八级工"评聘制度，鼓励技能人才参加特级技师、首席技师等级评聘，对获聘人员分别给予3000元、5000元一次性奖励。

乡村振兴和社会工作人才支持政策 »

支持在农业生产一线和农村经济社会发展中直接从事生产、经营、服务等活动的优秀农村实用人才。每年评选一次，每次不超过80人，每人每月享受津贴1000元，管理期4年。

支持培养一批具备专业社会工作知识和技能，具有良好职业道德和丰富实践经验，专门从事社会工作服务且贡献突出的优秀社会工作人才。每2年选拔一次，每次不超过50人，每人每月享受津贴1000元，管理期4年。

医疗卫生人才支持政策 »

支持我市医疗卫生机构引进的在医疗卫生行业内业绩突出、有较强临床实践和科研能力，或具有专业特长的医疗卫生人才，每人每年发放15万—50万元工作生活津贴，连续发放3年。加大本土医疗卫生人才选拔培养力度，对选拔培养的人才给予2万—5万元工作生活津贴；在3年管理期内（自认定后下一年度起计），所在单位提供不少于5万元的科研经费。加强医疗卫生人才柔性合作，畅通院士、国医大师及医学专家团队等来济发挥作用渠道。

金融会计人才支持政策 »

每年开展济南市金融人才推荐选拔工作，重点支持在济南市行政区划内从事金融领域经营、管理、研究等相关工作的人才，每年选拔1次，每次选拔50人左右，管理期3年。支持企事业单位引进培养会计高端人才，开展"济南会计高端人才"评选活动，对入选济南会计高端人才的，一次性给予1万元奖励，纳入全市高层次人才分类认定体系，享受相应人才待遇；依托会计高端人才建设管理会计工作室，对考核合格的一次性给予10万元奖励。

教育人才支持政策 »

支持济南市教育系统引进教育紧缺高层次人才，根据考核评价分别确定为教育领军人才、教育领航人才、教育领先人才、教育新优人才，每年分别给予7万元、5万元、3万元、1万元的政府薪酬补贴，连续支持3年；服务期满10年以上的，分别给予80万元、60万元、40万元、20万元安家住房补贴。

细分领域人才专项政策

数字经济人才专项政策 »

    制定《济南市关于加强数字经济人才发展的若干措施（试行）》，聚焦大模型、生成式人工智能、网络安全等紧缺产业需求，坚持高端人才引领、国内国外并举，吸引集聚高层次数字经济人才。通过编制池保障、项目资助等多种方式，加大对数字经济高端人才、顶尖人才以及首席数据官等领军型人才引进力度。深化"揭榜挂帅"机制，吸引国内外数字经济领域工程师、创客团队等定向攻关、来济创业。聚焦校地融合发展，持续支持校企共建现代产业学院、公共实训基地，选聘一批数字经济领域科技副总和产业教授，支持重点院校、企业建设数字技术工程师培育基地、卓越工程师学院，定岗定向培养数字经济产业人才。

青年科技人才专项政策 »

    制定了《济南市关于加强青年科技人才引进培养使用的若干措施（试行）》，围绕"引才、育才、留才、用才"，实施15个专项行动，着力解决青年科技人才成长发展中的关键问题。

    济南将在人工智能、高端数控机床与机器人、空天信息、新能源装备等领域，每年遴选10名左右优秀青年创业人才，给予一次性**50万元**资金支持。将在3年内举办不少于100场高质量的青年科技人才推介会和路演活动。3年内组织不少于50项青年科技创新"揭榜挂帅"活动，青年人才担纲市级重点科研计划的比例不低于**60%**。

银龄人才专项政策 »

    制定《济南市关于加强银龄人才队伍建设的若干措施（试行）》，围绕引进、培育、评价、激励等主要环节，从"打造银龄人才招引体系""激发银龄人才发展效能""提升银龄人才服务能级""搭建银发经济广阔舞台"四个方面，提出17条具体措施。

种业人才专项政策 »

    出台《济南市关于加强种业人才队伍建设的若干措施（试行）》，围绕种业产业发展人才需求，推动企业、科研院所与崖州湾国家实验室、中国农业大学、中国农业科学院等国内知名农业高校院所合作，着力引进主要农作物、蔬菜种苗、畜禽良种等领域高层次人才。完善种业人才评价机制，将国家农业产业技术体系首席科学家、副首席科学家和主要农作物品种选育人纳入人才分类认定范围。

第三篇

城市与人才 "双向奔赴"

"刚刚好"

"最好的遇见，
是彼此成就"

刚刚好的人文
——厚植沃土

泉润千年，
文脉恰如其分。

第六章
Chapter Six

历史文化
"天下明德，皆自虞帝始"

  来济南，"触摸"千年文明脉搏。济南，是一座从历史深处走来的城。济南地处黄河流域，是中华文明的重要发源地之一，从距今9000多年的后李文化，到北辛文化、大汶口文化，再到龙山文化，发展脉络清晰。春秋战国时期，尚功利、求革新的齐文化和重仁义、尚伦理的鲁文化，在这里有机融合、兼收并蓄，构筑起齐风鲁韵的文化基底。

  假如你来济南，既能一窥华夏先民与自然和谐共处的远古智慧，也能欣赏云淡风轻的自然美景。流泉走墨，青山题跋，明湖钤印——9000年时光铸就的一城精魄，将呈现在你的眼前。

焦家遗址 礼出东方

焦家遗址位于章丘区龙山街道，为距今5100—4300年的大汶口文化中晚期遗存。它是目前发现的鲁北地区规模最大、等级最高的大汶口文化聚落遗址，也是海岱地区迄今所见年代最早的城址，是中华文明礼制的重要发源地之一和实证中华五千多年文明史的重要黄河样本。焦家遗址的考古发现入选2017年度全国十大考古新发现。

城子崖遗址　龙山文化命名地

　　龙山文化时期，黄河中下游和长江中下游地区普遍修筑城邑，逐步形成了众多的都邑，一部分城邑最终发展成为都邑邦国，这标志着中国古代文明演进到都邑邦国时代。龙山文化发展兴盛的时期（公元前2400年—公元前1800年）被考古学者称为"龙山时代"。

　　城子崖遗址位于章丘区龙山街道，是龙山文化的命名地和代表遗址，也是第一处由中国考古学家发现、发掘和出版考古报告的古遗址。城子崖遗址的发掘创造了中国考古学史的七项"第一"，因而获得"中国考古圣地"的殊荣。城子崖遗址的考古发现入选1990年度全国十大考古新发现。

大辛庄遗址

触摸殷商文化

    大辛庄遗址位于历城区王舍人街道大辛庄村东南，是商王朝经略东方的重要据点，年代约在距今3400—3000年之间。大辛庄遗址在商代是一个集居址、手工业作坊、礼仪中心和墓地于一体的大型中心邑落。大辛庄甲骨卜辞是自1899年甲骨文发现以来，首次在商代都城以外地区发现的商代卜辞。大辛庄遗址反映了海岱地区商夷融合的图景，是中华文明多元一体格局进程的具体例证。

    大辛庄遗址的考古发现入选2010年度全国十大考古新发现。目前正在大辛庄建设的遗址博物馆，是济南市首个以商代遗址为主题的专题博物馆，位于大辛河东侧。博物馆于2025年进入展陈施工阶段，预计将于同年投入使用，届时济南将增添一处国家级考古遗址公园。

齐长城遗址 中国现存最古老的长城

齐长城是东周时期齐国修筑的重要军事防御系统，西起济水，东连大海，是我国目前有准确考据遗迹、修筑年代最早的长城，在中国长城史上具有不可替代的奠基地位。

在长清区齐长城遗址发掘中，发现了一段早于史学界公认"齐长城鼻祖"的夯土城墙，进一步将中国筑造长城的历史向前推了300年。齐长城全线现今保存最为完好的一段遗址尚有0.6公里较为完整的石砌墙体，残存城墙最高为7.5米，最厚为6米，位于莱芜区雪野街道与章丘区文祖街道交界处的锦阳关西段，全长756米。

2001年6月，齐长城遗址被国务院批准列入第五批全国重点文物保护单位名单。

洛庄汉墓　汉初王室的"大百科全书"

　　洛庄汉墓位于章丘区枣园街道办事处洛庄村西约1公里处。汉墓自1999年7月开始发掘，共发现36座陪葬坑和祭祀坑，出土各类珍贵文物3000多件，引起了考古界的高度重视和社会的广泛关注。专家推测，洛庄汉墓的墓主人极有可能是吕雉的侄子吕台。出土的文物全面反映了汉代贵族的生活及社会生产，堪称汉初王室的"地下实物资料大全"和"大百科全书"。洛庄汉墓的考古发现入选2000年度全国十大考古新发现。

　　洛庄汉墓出土的鎏金当卢（马额装饰），以其腾飞马首龙身的精美镂空图案和绝伦的工艺，成为章丘区博物馆的"镇馆之宝"；而14号陪葬坑出土保存完好的编钟一套19件、石磬6组107件等140余件乐器，堪称"汉代乐器大观"，是迄今为止集中出土古代乐器最多的一次。

大舜文化　垂儒家道统，开华夏文明

　　舜是远古时期东夷族著名的部落首领，按司马迁《史记·五帝本纪》的说法，舜为黄帝八世孙，因出生于有虞氏部落，故称"虞舜"。孔子云"祖述尧舜"，孟子言必称尧舜，足见大舜的道德高度。

　　大舜文化是儒家文化和齐鲁文化的源头。济南作为大舜曾经耕稼生活的故乡，其大舜文化源远流长，底蕴深厚。济南的大街小巷上，随处可见以"舜"命名的景点、街道、学校、店铺和公司，可谓是"抬头见舜"。

义净寺　藏在深山里的千年古寺

　　义净寺位于长清区张夏街道，始建于隋唐年间，原名双泉庵，因唐代高僧义净而得名，具有重要的佛教历史地位。义净与玄奘一样也曾经到西天求取真经，经海路赴印度取经，是中国古代"海上求法第一人"。寺内现存天王殿、大雄宝殿、观音殿、法雨楼、祖师庭等建筑，风格古朴典雅。

灵岩寺　天下"四大名刹"之一

　　灵岩寺位于长清区万德街道，始建于东晋，距今已有1600多年的历史，位列"天下四大名刹"之首。作为泰山的重要组成部分，1988年被联合国教科文组织公布为世界自然与文化遗产，是国家级风景名胜区和全国首批AAAA级旅游景区。唐代时，玄奘曾住在灵岩寺内翻译经文。唐高宗以来的历代皇帝到泰山封禅时，也多到寺内参拜。到了明代，更有"灵岩是泰山背最幽绝处，游泰山不至灵岩不成游也"之说。

四门塔 中国现存唯一的隋代石塔

深山猫猫寺

四门塔位于南部山区柳埠街道苏家庄，有"华夏第一石塔"之美名。1961年，四门塔被国务院公布为第一批全国重点文物保护单位。该塔建于隋代，是中国现存最早、保存最完整的单层亭阁式石塔，与赵州桥为同时期石质建筑的典范。

《黑神话：悟空》曾在四门塔和灵岩寺取景，以古建筑为参考构建了游戏中的经典场景。

龙洞风景区 "济南八景"之首所在地

　　龙洞风景区位于历下区，1995年被评为省级风景名胜区，自宋代起就成为游览胜地，被誉为"历下第一胜景"。其中最著名的景区当属龙洞，它是山东省内最深的天然石灰岩溶洞之一。其历史可追溯至魏晋南北朝时期。东晋高僧朗公曾在此建寺修行，开创了龙洞的佛教文化。至今，佛峪仍留存有隋代的摩崖石刻及般若寺遗址。景区内有近百处古代石刻艺术珍品，包括佛造像、摩崖题记与碑刻，其雕刻时间自东魏孝静帝天平四年（537）至1937年。

　　济南八景之首的"锦屏春晓"就在龙洞风景区的独秀峰处。该处群山环抱，层峦叠嶂，危峰壁立。锦屏岩高达80余米，岩周松柏苍翠，明代名人描绘此处"丹碧点缀，晓霞掩映，绚若锦屏"。

TIPS　济南八景

　　在明代，曾有人评出"济南八景"，分别是锦屏春晓、趵突腾空、佛山赏菊、鹊华烟雨、汇波晚照、明湖泛舟、白云雪霁和历下秋风。

府学文庙　老城里的"海岱文枢"

在历下区大明湖路，坐落着古代济南府最高规格的官学机构和祭孔庙宇——府学文庙。府学文庙始建于北宋熙宁年间（1068—1077），明洪武二年（1369）重建，至民国时期共增建、重修30余次。这一承载历史的"高等学府"，是济南市区现存历史最早、规模最大的古建筑群。它随着岁月变迁，记录着老城文脉，绘就成一幅古建今辉的传承画卷。

孝文化　舜德遗风

孝道不仅是家庭责任，更是社会文明的根基。含蓄内敛的济南人，不断延展"孝"的文化内涵。中国"二十四孝"的故事中，有3个与济南有关：大舜"孝感动天"，闵子骞"芦衣顺母"，郭巨"埋儿奉母"。它们共同构成济南的孝文化，是济南珍贵的非物质文化遗产资源。

（1）孝感动天：相传舜的父亲瞽叟、继母及异母弟象曾多次加害他，但舜都逃脱了，事后仍孝敬父亲、慈爱弟弟。舜每天去历山耕地时，大象跑来替他拉犁，小鸟飞来帮其播种，人们认为是他的德行感动了上天。尧帝听说此事后大为赞叹，并发现舜有处理政事的才干，便把两个女儿娥皇和女英嫁给了他，多年后还选定舜成为他的继承人。

（2）芦衣顺母：闵子骞，名损，字子骞，春秋时期鲁国人，孔子的弟子。闵子骞幼时丧母，继母常常虐待他，用芦花为他制作冬衣。其父知晓后便要休妻。闵子骞长跪于父亲面前，为继母求情："母在一子寒，母去三子单。"他的至孝感化了继母，从此继母待三子如一。

（3）孝堂山：长清区与平阴县交界处有座孝堂山，山上有一石祠，是中国现存最早的地面房屋建筑，世称"孝子堂"，为纪念郭巨修建。

红色文化

"男儿立下钢铁志，国计民生焕然新"

　　济南是一座饱含红色文化的英雄城市，是全国建立党组织最早的地区之一。中共一大代表中，有来自济南早期党组织的代表王尽美和邓恩铭。解放战争时期，莱芜战役创造了解放军历史上"以少胜多""运动歼敌"的光辉战例；济南战役开创了人民解放军夺取国民党军队坚固设防、重兵把守的大城市的先例。

　　济南共有革命遗址遗迹、革命博物馆等210余处，纳入全省革命文物名录的不可移动革命文物80余处。这些都是中国共产党团结带领济南人民艰辛斗争的历史见证，是济南最宝贵的精神财富。

中共山东早期历史纪念馆

中共山东早期历史纪念馆位于市中区共青团路1号，主要负责承办山东省和济南市党史宣传展览，革命文物、文献资料的征集、保管与研究，以及管理和维护中共山东省委机关旧址、王尽美邓恩铭纪念广场等工作。纪念馆实体展馆共两层，陈列展览"齐鲁曙光"，展示1921年至1937年山东党组织创建、发展和斗争的光辉历程，重点介绍了中共一大代表王尽美和邓恩铭的革命事迹。

中共山东省工委旧址

中共山东省工委旧址位于莱芜区牛泉镇鹁鸽楼村，是省、市、区共同推进的重点党建工程，这里不仅是市级文物保护单位，还被列入济南市第一批不可移动革命文物名录，承载着厚重的历史意义。基地总占地面积2万余平方米，包括主展馆、早期党员故居群落、党史文化广场、云台山红色文化主题公园等。主展馆展陈面积约3300平方米，全面展示省工委成立的背景、基础、历程、贡献等。

济南革命烈士陵园（济南战役纪念馆）

    济南革命烈士陵园位于市中区英雄山路，是山东省第一批省级重点文物保护单位，也是全国第二批重点烈士纪念建筑物保护单位。陵园内安葬有中共一大代表王尽美、邓恩铭等革命烈士1900余名。济南战役纪念馆分为陈列展厅和全景画馆两部分，展览以"伟大胜利"为主题，全面客观地讲述了济南战役史实，体现了济南战役在解放战争史上的地位和意义。全景画馆以声、光、电立体形式展现出济南战役攻坚战斗的激烈场景，以身临其境之感为观众接受爱国主义教育提供了鲜活的历史教材。

大峰山现场教学基地

    在中国共产党的领导下，长清区大峰山革命根据地从无到有、从弱到强，一步步发展壮大。基地设计了"一中心一馆一园一广场"（大峰山革命根据地展览中心、长清区革命历史纪念馆、革命陵园和初心广场）的教学布局，展现了"信仰如山，一心为民，不怕牺牲，勇往直前"的大峰山革命精神。

莱芜战役指挥所旧址纪念馆

　　莱芜战役指挥所旧址纪念馆位于钢城区辛庄街道石湾子村，是全国重点文物保护单位、山东省爱国主义教育基地。该址为四合院，于1917年修建，总占地面积270平方米。1947年2月20日至23日，华东野战军司令员陈毅、副司令员粟裕、副政委谭震林在这里指挥了举世闻名的莱芜战役，取得了歼灭国民党军5万余人的重大胜利，是歼灭战和运动战的杰出范例，系世界军事史上经典百战之一。

莱芜709文化产业园

　　莱芜709文化产业园位于莱芜区高庄街道塔子村，园区总占地面积8万余平方米。园区以原山东人民印刷厂（代号709厂）旧址为依托，通过复原修复，完整保存了20世纪70年代到80年代的建筑风貌，同时记录了山东"小三线"建设时期的一段光辉历史。小三线纪念馆为开展党性教育的主阵地，展陈面积1800余平方米，是全面系统介绍"小三线"建设的专题场馆。

名士文化

"海右此亭古，济南名士多"

济南钟灵毓秀，自古文脉绵长。中国最早的诗歌《诗经·小雅·大东》，相传即由谭国（今章丘区）大夫所作。伏生、娄敬、房玄龄、崔融、李格非、李清照、辛弃疾、杜仁杰、张养浩、边贡、李攀龙、李开先、于慎行、王士禛、周永年等都是地地道道的济南人，都是泉水孕育出的历史名人。其中，尤以宋代"二安"——李清照、辛弃疾，与元代张养浩，独领风骚，传颂千秋。

此外，李白、杜甫、曾巩、范仲淹、苏轼、苏辙、元好问、赵孟頫、顾炎武、何绍基、王苹等文人墨客、仕宦学士纷纷慕名而来。他们在此吟咏唱和，留下了大量的诗文名篇，成就了"海右此亭古，济南名士多"的文坛佳话。

济南，自古就是一座诗意盎然的名士之城。

大舜 》 舜德耀泉城，文脉润古今

大舜是中华民族的人文始祖，"三皇五帝"之一。从史书记载的"舜耕历山"到济南最早的雅号"舜城"，从济南古城的两条母亲河历水与娥英水，到如今遍布城市的"舜迹"，这些都体现了济南人对大舜的高度认同。大舜从古至今都是这座城市引以为傲的名士。

扁鹊 》 仓公淳于意，扁鹊更流传

扁鹊，一说姓秦，名越人，尊称扁鹊，先秦时代医师。济南八景之一"鹊华烟雨"中的鹊山，便因扁鹊曾在此炼丹而得名，山下有扁鹊墓；济南的药山上有药王祠，祠内供奉着扁鹊。

李清照 » 争渡争渡，惊起一滩鸥鹭

李清照，宋代婉约派词宗，号易安居士，所创的"易安体"在词坛独树一帜。李清照的词作语言精妙、情感细腻，被誉为"千古第一才女"。相传李清照的故居就在柳絮泉边，她幼时常常到柳絮泉附近的漱玉泉，对着清明如镜的泉水梳洗打扮，后来还把自己的词集命名为《漱玉集》。

位于历下区趵突泉南路1号的李清照纪念堂，从不同层面展示了她的生平和成就。馆内陈列有李清照生平事迹介绍、画像和部分代表作，亦有后人书写的李清照词章和名人题咏。

辛弃疾 》 醉里挑灯看剑，梦回吹角连营

辛弃疾，字幼安，号稼轩，是南宋爱国词人，豪放派代表人物，被誉为"词中之龙"，与苏轼并称"苏辛"。辛弃疾的词作充满家国情怀与壮志未酬的悲愤，现存600余首，代表作有《破阵子·为陈同甫赋壮词以寄之》和《永遇乐·京口北固亭怀古》等。他与李清照并称为"二安"，是济南历史文化名士中的代表。

辛稼轩纪念祠位于历下区大明湖路271号，是由李公祠（即李鸿章的祠堂）于1961年改建而成。1964年陈毅在大明湖亲题"辛稼轩纪念祠"匾额，2006年被山东省人民政府公布为省级重点文物保护单位，是济南重要的文化标志。

秦琼 » 孝母似专诸，交友赛孟尝

秦琼，字叔宝，齐州历城（今济南市）人。他一生战功赫赫，为唐朝的建立与稳定立下汗马功劳，是凌烟阁二十四功臣之一，也是千家万户的守门神。

清代文人桂馥在《潭西精舍记》中记载："历城西门外，唐翼国公故宅，一夕化为渊，即五龙潭也。"传说秦琼的府邸因一场雷雨塌陷，形成了今天的五龙潭。秦琼祠位于五龙潭公园内，1979年被公布为济南市重点文物保护单位。

张养浩 » 风烟谁道江南好，人物都传海右高

张养浩，济南人，元代散曲家、政治家，代表作有《山坡羊·潼关怀古》等。他仕途多舛，但始终廉洁奉公，总结了丰富的政治理念，著成《三事忠告》，此书被誉为中国古代官员箴书的代表。张养浩纪念馆坐落于天桥区云锦湖公园西侧，建筑面积约4900平方米，建筑风格融合元代特色。该馆系统展示了张养浩的生平事迹、为政思想和文学成就。

鲍叔牙 » 荐贤齐桓霸，分金故土情

　　鲍叔牙，春秋时齐国大夫。他早年辅助公子小白（即齐桓公），齐襄公十二年（公元前686年）协助公子小白夺得国君之位。他为政重教化，使齐国迅速由乱转治，由弱变强，齐桓公也成了春秋时期的第一个霸主。鲍叔牙推荐管仲为相，甘居下位，史称"管鲍之交"。后来人们便常用"管鲍之交"形容朋友交情深厚、彼此信任。相传，昔日济南东郊15千米鲍山下有一座石城，名叫"鲍城"，是鲍叔牙食邑所在。其墓亦在鲍山下。

曾巩 » 齐多甘泉，冠于天下

　　北宋熙宁四年(1071)，"南丰先生"曾巩出任齐州知州，熙宁六年(1073)，苏辙任掌书记。

　　曾巩在任期间，有效治理了水患，并架起了一座贯通南北的堤坝，取名"百花堤"。先前，百花堤一带只是一片被荒草湮没的水地。经过曾巩整修，变成了可驰骏马的平坦大道，令人心旷神怡。人们走在堤上，从心里感谢曾巩，以至900多年后重修百花堤时，亲切地称它为"曾堤"，并在此修建"南丰祠"以表纪念。杭州"苏堤"晚于"曾堤"17年建成。据说苏轼曾两次来到济南，在他出任杭州知州时，西湖淤塞严重，他受"曾堤"启发，决定疏浚西湖，修筑长堤，才有了现在的"苏堤"。

　　曾巩还在《齐州二堂记》中称古泺水之源为"趵突之泉"，自此这三股泉眼便有了名字，"趵突"之名广为流传。

　　可以说，曾巩以卓著政绩为济南发展成为"齐鲁首邑"奠定了坚实基础。济南能够成为山东首府，曾巩功不可没。

房玄龄 » 一轨九州，同风天下

　　房玄龄，名乔，字玄龄，是唐朝开国功臣、一代名相，也是凌烟阁二十四功臣之一。这位从济南走出的大唐名相，对唐朝的建立和发展作出了重要贡献。他以深厚的学识、卓越的政治才能和高尚的人格魅力成为著名的政治家，为后世所敬仰。

铁铉 » 铁骨守城垂青史

　　铁铉，字鼎石，历任山东布政使、兵部尚书等。靖难之役中，铁铉顽强抗击燕王朱棣，成功保卫了济南城的平安，但最终被朱棣处以磔刑。乾隆五十七年（1792），山东盐运使阿林保在济南大明湖北岸修建了铁公祠。

赵孟頫 » 云雾润蒸华不注，波涛声震大明湖

　　赵孟頫曾在济南为官3年，出任同知济南路总管府事。在任期间，他勤勉于政事，提携学子、奖掖文士，对济南的自然风光和人文景观也有着深厚的感情，写下"云雾润蒸华不注，波涛声震大明湖"的佳句，还创作了著名的《鹊华秋色图》，成为济南的文化名片。

邹衍 » 谈天衍六气，历下汇五行

邹衍，有"谈天衍"之称，五行学说创始人，战国时期哲学家、阴阳家代表人物。他是"阴阳五行说"的集大成者。他创立的"五德终始"理论和"大九州"学说对后世影响深远。

伏生 » 挽斯文于不坠

伏生，名胜，字子贱，秦汉时期人。司马迁在《史记》中写道，"伏生者，济南人也。故为秦博士"。伏生保存、修复并传授《尚书》，"挽斯文于不坠"，开创两汉经学，对中国儒家经学文化影响至为深远，被尊称为"经学大师"。

终军 » 请缨怀远志，历下诵遗风

终军，字子云，西汉政治家，今济南仲宫就是终军的出生地。终军18岁时被选为博士弟子并来到京城长安受业，深受汉武帝赏识。为抵御外族侵扰，终军两次到匈奴、南越出使，最后以身殉职，为巩固国家的统一献出了年轻的生命。他的著述《终军书》史载有8篇，其后散佚，清代学者马国翰辑得4篇，流传于世。

李攀龙 » 沧溟腾墨浪，白雪淬诗魂

李攀龙，字于鳞，号沧溟，明代著名文学家。他创建的"历下诗派"在文学上独树一帜，是明代"后七子"领袖人物，被尊为"宗工巨匠"。白雪楼是李攀龙会友、读书和藏书的地方，第一处在王舍人庄东北隅鲍山，是他辞官归乡后所建；第二处是他晚年在大明湖南岸、碧霞宫西侧修建；另一处是后人在趵突泉畔所建，楼的西侧为无忧泉，环境甚为清幽。

老舍 » 上帝把夏天的艺术赐给瑞士，把春天的赐给西湖，秋和冬的全赐给了济南

老舍，原名舒庆春，字舍予，中国现代著名的小说家、剧作家、人民艺术家、语言大师，是新中国第一位获得"人民艺术家"称号的作家。出生在北京的老舍，与济南有着深厚的渊源。在20世纪30年代，老舍两度执教于齐鲁大学（旧址为今山东大学趵突泉校区）。其间，他以济南"五三惨案"为背景创作了长篇小说《大明湖》，又先后创作了《济南的秋天》《济南的冬天》《趵突泉的欣赏》《大明湖之春》等数十篇散文，亲切地称济南为"第二故乡"。位于南新街58号的老舍故居，原有格局基本未变，现已被列入第三批山东省省级文物保护单位。

季羡林 » 济南的每一寸土地都会有我的足迹

季羡林先生自1917年初被叔父接到济南，从小学、初中到高中，再加上自清华大学毕业后在山东省立济南高中任国文教员的一年，共在济南这座城市生活了整整14年。他对20世纪初期的老济南非常熟悉，在自己的文章中多次回忆起在济南的学习、生活和工作。在《我的小学和中学》这篇长篇回忆性散文中，季羡林更是生动地再现了他在童年和少年时期所见的济南风物、市井风情，为研究20世纪二三十年代济南城市的经济社会、文化教育、风俗民情提供了珍贵资料。

韩美林 » 神工塑泉魂

　　韩美林，清华大学文科资深教授、中央文史研究馆馆员、中国美术家协会陶瓷艺术委员会名誉主任、世界华人协会副会长、中国工艺美术学会名誉会长。他的创作涉及广泛，包括绘画、书法、雕塑、陶瓷、设计以及写作等方面。他的艺术风格独到，注重从中国文化传统和大众艺术中汲取精髓，并将其转化为体现当代审美理念的艺术作品。

徐北文 » 泉城自古是诗城

　　徐北文担任过山东省古典文学学会副会长、山东舜文化学会会长、山东省作家协会理事、济南市文学学会会长、济南市社科联副主席，并被聘为济南市人民政府文化顾问、济南市史志编纂委员会顾问。他在济南文化景观的规划修建及地方文献的整理编纂方面多有建树。同为济南名士的徐北文，终生与"济南二安"结下不解之缘。徐北文对"二安文化"的传承和发展作出了重要贡献。

孔孚 » 掬一捧泉水，洗一洗眼睛，心也绿了

　　孔孚，原名孔令桓，字笑白，中国当代著名诗人。他以至简至朴的空灵与哲思，开创了中国现代山水诗的崭新面貌。他在1957年发表的组诗《济南散诗》中，首次使用"泉城"一词来形容济南，这一雅号自此成为济南最具代表性的文化符号。

—— 当代院士 ——

> 院士，是国家设立的科学技术方面的最高学术称号，为终身荣誉。在我国，院士分为中国工程院院士、中国科学院院士。济南拥有院士133名，其中驻济院士13名，济南籍院士16名，在济南学习和工作过的院士31名，还有73名院士在济南建有院士工作站或有项目合作。

高洁

高洁，男，1937年6月出生于山东济南。1962年毕业于北京大学物理系，1999年当选为中国工程院院士。1978年获全国科技大会奖，1989年和1995年两次获国家科学技术进步奖二等奖，1990年获美国国家标准与技术研究院优秀访问学者奖。他是量子物理计量专家，主要从事量子物理计量与凝聚态物理研究，为中国量子物理计量事业做出杰出贡献。

颜宁

颜宁，女，1977年11月出生于山东济南，基础生物学家，中国科学院院士、清华大学讲席教授、美国科学院外籍院士、美国艺术与科学院外籍院士、美国普林斯顿大学终身讲席教授，深圳医学科学院院长、深圳湾实验室主任。她长期从事跨膜运输蛋白的结构与机理研究，科研成果获得国内外广泛认可。2019年当选美国科学院外籍院士，2021年当选美国艺术与科学院外籍院士，2023年当选中国科学院院士。

高绍荣

高绍荣，男，1970年3月出生于山东济南，中国科学院院士，同济大学生命科学与技术学院院长，教育部细胞干性与命运编辑前沿科学中心主任，教育部长江学者特聘教授，国家杰出青年科学基金获得者。

高绍荣主要研究领域为胚胎发育与多能干细胞，其研究成果曾入选世界十大医学突破和中国生命科学十大进展。曾获周光召基金会杰出青年基础科学奖、谈家桢生命科学创新奖、两次国家自然科学奖二等奖、教育部自然科学奖一等奖和中国细胞生物学学会杰出成就奖。

张运

张运，男，1952年9月出生于山东聊城，中国工程院院士，络病理论创新转化全国重点实验室副主任、教育部和国家卫健委心血管重构与功能研究重点实验室主任、山东省心血管病临床医学中心主任。

张运致力于动脉粥样硬化性心血管疾病的基础与临床研究，是中国心血管领域的领军人物。他通过几十年的研究证明了中药也可以科学、精准地治疗心血管疾病，尤其是冠心病、心绞痛这类常见的老年疾病。

彭实戈

彭实戈，男，1947年12月出生于山东滨州，中国科学院院士，首批长江学者特聘教授，曾任山东大学数学学院教授，博士生导师，山东大学数学与交叉科学研究中心主任。长期从事概率论、随机控制和金融数学等科学领域的研究，对在我国建立"金融数学"新学科起到了关键的作用。2005年当选中国科学院院士，2011年获普林斯顿全球学者称号，2023年当选欧洲科学院院士。曾获山东省科学技术最高奖、陈嘉庚理科学奖、华罗庚数学奖、求是科学家奖等荣誉称号。

于金明

于金明，男，1958年1月出生于山东潍坊，中国工程院院士、医学博士、博士生导师，山东第一医科大学(山东省医学科学院)名誉校（院）长，山东省肿瘤医院院长。作为我国精确放射治疗技术的主要开拓者之一，于金明在突破制约放疗疗效的两大瓶颈——靶区精确勾画和射线精确施照方面作出重大贡献，研究成果修改了中国、美国、加拿大等多个国家肿瘤治疗指南，是全国放疗领域唯一的工程院院士。曾获国家科技进步奖二等奖4项、何梁何利基金科学与技术进步奖1项、山东省科技最高奖1项。

赵振东

赵振东，男，1942年9月出生于山东武城，中国工程院院士。他先后获得全国先进工作者、何梁何利基金科学与技术进步奖、中华农业英才奖、山东省科学技术最高奖、齐鲁时代楷模称号等多项荣誉。

他从事小麦遗传育种30余年，为我国小麦品质育种和高产育种作出杰出贡献。他坚持"在高产的基础上提高品质"的育种思想，带领团队育成我国第一个年推广面积过千万亩的面包小麦济南17，有效替代进口；育成我国推广面积最大的超高产广适小麦济麦22，审定18年来仍是农民最喜爱的品种，已累计推广3.5亿亩。济南17、济麦19、济麦20和济麦22先后获4项国家科技进步奖二等奖。

王小云

王小云，女，1966年8月出生于山东诸城。现任山东大学网络空间安全学院院长、清华大学高等研究院"杨振宁讲座"教授，2017年当选中国科学院院士，2019年当选国际密码协会会士。曾获省部级科技进步一等奖、陈嘉庚科学奖、求是杰出科学家奖、国家自然科学二等奖、苏步青应用数学奖。她主要从事密码理论及相关数学问题研究，主持设计的哈希函数SM3为国家密码算法标准，在金融、交通、国家电网等重要经济领域广泛使用，并于2018年10月正式成为ISO/IEC国际标准。

陆林

陆林，男，1966年9月出生于安徽安庆，中国科学院院士，北京大学精神卫生研究所所长、教授、博士生导师，山东第一医科大学校长，山东省医学科学院院长，国家精神心理疾病临床医学研究中心主任，中国疾病预防控制中心精神卫生中心主任，北京大学临床心理中心主任。

陆林主要从事精神心理疾病的临床诊疗技术和发病机制研究，提出了干预病理性记忆的新模式和成瘾防复吸治疗的新理念，建立了在睡眠中治疗精神心理疾病的新方法。

李术才

李术才，男，1965年12月出生于河北涞水，中国工程院院士，山东大学校长，兼任中国岩石力学与工程学会党委副书记。长期从事隧道与地下工程突水突泥等灾害防控研究，其成果广泛应用于铁路、公路和水利工程等领域。先后获国家科技进步奖二等奖4项、技术发明奖1项、省部级一等奖5项，并荣获全国创新争先奖、光华工程科技奖和山东省科技最高奖。

148

泉·城文化

"四面荷花三面柳，一城山色半城湖"

　　济南是一座因泉水而名满天下的城市。这样的盛誉由来已久。宋代著名文学家曾巩说："齐多甘泉，冠于天下。"元代地理学家于钦说："济南山水甲齐鲁，泉甲天下。"千百年来，济南依泉而生、因泉而兴，泉水是这座城市独特且珍贵的名片。城市与泉水，彼此成就、共荣共生。

　　但济南的美，不只在于泉水，更在于——以泉为核心，融"山、泉、河、湖、城"为一体而形成的泉·城文化景观。山的气魄、泉的灵动、湖的澄澈、河的奔放、城的隽永——这道悠远恒久的风景，上溯着整座城市的历史脉络、发展轨迹，下联着市民百姓的柴米油盐、日常生活。漫步城中，清代小说家刘鹗在《老残游记》中所描绘的"家家泉水，户户垂杨"的场景便会浮现眼前，让你真切感受到这座城市灵秀的气质和旺盛的生命力。

看山

济南的山是自然造化的神奇，亦是历史人文的积淀。漫步山间，不仅能看到岁月的刻度、文化的印迹，也能窥见一座城的发展与更迭，每一步都仿佛踏在自然与历史的交汇点上。

英雄山

英雄山坐落于市中区，东起玉函路，西至英雄山路，南含七里山，北到马鞍山。这里是"青山埋忠骨，松柏映气节"之地——山上的烈士陵园及济南战役纪念馆是济南著名的爱国主义教育基地，铭刻着革命英魂的壮烈与不朽。1949年，毛泽东亲笔题写"革命烈士纪念塔"7个金字，镌刻在英雄山巅的纪念塔上。这座山的特别之处还在于它与济南人的日常生活紧密相连：每天来此晨练、散步的人们将山上的石阶踏得圆润光滑，山脚下熙熙攘攘的文化市场更让这座山充满市井烟火气。

千佛山 ▲▲

　　千佛山位于历下区经十一路，海拔285米，古称历山。相传远古时期，虞舜曾耕稼于此，故又称舜山或舜耕山，即《史记》中所记载的"舜耕历山"之地。隋开皇年间，佛教盛行，在山崖上造数千佛像，故名千佛山。有"千佛山首刹"之称的兴国禅寺，初名为千佛寺，是隋文帝杨坚为了纪念其母亲而修建的。唐贞观年间，千佛寺重新修葺，改名"兴国禅寺"。

TIPS 舜耕历山 🏯

"舜耕历山，历山之人皆让畔；渔雷泽，雷泽上人皆让居；陶河滨，河滨器皆不苦窳。"传说中的"历山"就是济南的千佛山，山下的那条路至今仍叫舜耕路。

"舜耕历山"雕塑利用仰视的角度，以圆雕和高浮雕相结合的手法，表现舜耕作于历山时"象耕鸟耘"的和谐场面。雕塑以大舜为中心，以两位劳作人物为辅助，将神象设在大舜右侧位置，展现了舜向臣民传授耕种技术、造福万民的场景。

"佛山赏菊"可是"济南八景"之一哦！

佛慧山 ⛰

佛慧山位于千佛山南麓，海拔460米，是济南市区的制高点。这里山势峭拔，涧谷萦回，山林覆盖率高达85%以上，并有诸多名泉分布。从佛慧山的制高点俯瞰城市，可以感受到城市的活力与自然的静谧共存。

华山 ⛰️

　　华山，古名华不注，位于历城区华山街道。早在春秋时期，华山就因齐晋之间的"鞌之战"第一次见诸史册。唐朝大诗人李白在多篇诗作中曾吟咏过华山景色，他的组诗作品《古风》中，有20首都在描写华山。其中有一首写道："昔我游齐都，登华不注峰。兹山何峻秀，绿翠如芙蓉。萧飒古仙人，了知是赤松。借予一白鹿，自挟两青龙。"

鹊山 ⛰️

　　鹊山是位于济南市北郊、黄河北岸的一座山，与东面不远的华山遥相呼应。相传，扁鹊曾经在山下炼丹，此地故名鹊山。鹊山海拔不过200米，无主峰，远望如翠屏。明朝诗人刘敕在诗中赞叹鹊山："西北开青嶂，无峰山自奇。丹炉还历历，明月故迟迟。桃李春开日，楼船水涨时。许多寻胜者，到此好衔卮。"

五峰山 ⛰

　　五峰山位于长清区境内，自古以来就与泰山、灵岩并称为"鲁中三山"。五峰山属泰山支脉，以5个并列于青云之间的秀丽山峰而闻名，自西向东依次为迎仙峰、望仙峰、会仙峰、志仙峰、群仙峰。5个仙峰常年环抱在绿树浓荫之中，宫、观、亭、台相互掩映，风景绝佳。

馒头山 ⛰

　　馒头山海拔408米，位于长清区张夏街道，距今约有5.5亿年历史，因山形似馒头故名馒头山、馍馍山，2003年被列入省级地质自然遗迹保护区。馒头山地质结构典型、地质层理清晰、生物化石代表性强，忠实记录了沧海桑田的变化，是研究寒武纪地质史的圣地，被联合国教科文组织命名为"世界第三地质名山"。馒头山的外形像高大的金字塔，山顶巨大平整，方正如削，为典型的岱崮地貌。这里是有名的三叶虫化石聚集地，见证了这里曾是海洋深处的历史。地质学者勃鲁格、莫克等人分别于1899年、1903年描述过该处寒武纪地层中的一些三叶虫化石。

灵岩大佛山 ▲▲

灵岩大佛山位于长清区万德街道的灵岩大佛山景区内，整个山形从空中俯瞰如同一把刀片，所以也被称为"刀片山"，属泰山十二支脉之一。景区内峰峦拱秀、花木扶疏，泉水终年流淌不竭，植被覆盖率高达95%，空气质量优良天数年均达330天以上，是一个"天然氧吧"。山脚下的檀抱泉，在有着几百年历史的青檀树边源源不断地流淌。

香山 ⛰️

　　香山位于莱芜区西北部的大王庄镇，傲立于鲁中地区的连绵群山之中，是莱芜区的第一高山，因山中盛产香草等富有浓郁香味的植物而得名。香山四周有大小山头共计36座，这36座山峰都朝着香山的主峰倾斜，形成了群峰躬拜的自然奇观。香山山系属于泰山东麓延伸，与泰山同体，因此又被称为泰山的姊妹山。香山旅游区是国家AAAA级旅游景区，一年四季各有景色。

白云山 ⛰

　　济南多名山，白云山一般不为多数人所知，它位于历下、市中、历城3区的交界处，在龙洞风景区内。登临山巅，可以俯瞰整个市区。山腰处常有白云缭绕，这也是其得名的缘由。

　　白云山南麓的村中有白云观，始建于唐贞观元年，其大殿建筑雄伟，为省级文物保护单位。院内两株高大的银杏树，树龄千余年，树高20余米，树干周长六七米，树冠如盖，枝繁叶茂。

蝎子山 ▲▲

　　蝎子山位于市中区舜世路南，以山脊为分界线，山体的南侧是大片的黄栌树，北侧是松树林，在秋天到来之时，一条山脊线把绿色和红色分得清清楚楚，像上天特意为这座山打造的秋日礼服。而且，蝎子山现在已经是大千佛山风景区的一部分，山上铺设了完善的登山步道。

梯子山 ▲▲

　　梯子山位于南部山区西营街道，海拔976.8米，是南部山区最高的一座山。在梯子山的峡谷入口，可以品尝到寒泉的泉水，此泉为锦绣川源头之一。攀登耸立的梯子山，山风迎面吹拂而来，登上山顶，美景尽收眼底。清代朱照游梯子山时写下诗句："梯子竖危峰，白云半时封。斜阳余草际，苔藓断人丛。致我高千仞，看山得万重。垂垂天姥髻，百里尽芙蓉。"

九如山 ⛰️

　　九如山坐落于南部山区西营街道，距离市区约40公里，拥有36平方公里的连绵群山。九如山不仅是国家级森林公园，更是都市人逃离喧嚣、回归自然的理想之地。这里峰峦叠嶂，峡谷纵横，溪流交错，瀑布成群，空气中负氧离子含量高达每立方厘米7万个，堪称"天然氧吧"。10公里长的实木栈道将各色风景巧妙地连缀起来，成为观赏美景、打卡拍照之处。

洗净班味

治愈焦虑

听泉

　　享有"天下泉城""世界泉都"美誉的济南，坐拥十二大泉群，1209处清泉，是名副其实的"千泉之城"。

　　济南泉水千姿百态，或平地涌出，或悬崖飞泻；形态如柱似镜，声若雷鸣丝竹。泉畔古迹林立，传说动人，文人墨客留下无数咏泉佳作，积淀成丰厚的文化遗产。

趵突泉

　　趵突泉素有济南"七十二名泉"之首的美誉，乾隆御笔亲封"天下第一泉"。泉分三股，涌出平地，澄澈清冽，昼夜不息。如今，景区内设有泉水茶社，可供游人临窗品茗观泉。近年来，趵突泉的"猪鲤"也频频出圈，一到假日便冲上热搜。

漱玉泉

漱玉泉位于趵突泉公园内，泉池为一长方形石砌水池，四周围着汉白玉栏杆，泉水如明镜般光亮。"漱玉"指泉流漱石，声若击玉，源自西晋文学家陆机《招隐诗》："山溜何泠泠，飞泉漱鸣玉。"

泉水出露形态为涌水状，水自池底或池壁涌出，形成串串水泡，在水面破裂。池水清澈见底，蓄有锦鱼。冬天下雪时景色尤为美丽，仿如仙境一般。相传李清照小时候，经常以漱玉泉为镜子，掬水梳妆，填词吟诗。泉北的李清照纪念堂、易安旧居与泉池相映，为漱玉泉增添了丰富的文化内涵。

无忧泉

无忧泉位于趵突泉公园内，泉池呈不规则形，池岸为山石垒砌，泉池北侧有一自然石砌垒的石坝，水从石坝中潺潺流过，经由水榭廊桥下，流入趵突泉泉池中。明人晏璧在《七十二泉诗》中咏无忧泉道："槛泉西畔漱清流，酌水能消万斛愁。白叟黄童争击壤，春来有事向东畴。"

黑虎泉位于历下区解放阁西南、护城河南岸陡崖下，泉源为一天然洞穴。旧时洞内有一巨石盘曲伏卧，泉水从巨石下涌出，激湍撞击，半夜有风吹入石隙，声音酷似虎啸，故称"黑虎泉"。泉池为石砌，泉池南壁并列3个石雕虎头。池旁设有免费取水点，常有市民在此排队取水，最能展现泉城日常。南护城河沿线有琵琶、白石、九女等名泉17处，共同组成"黑虎泉泉群"。

黑虎泉

白石泉

白石泉位于护城河北岸解放阁下，因泉周白石粼粼，故名白石泉。泉水出露形态为串珠状上涌，常年不竭，水由池岸石隙流出，汇入护城河。今池呈不规则形，以假山石驳岸。白石泉旁旧有亭台、楼榭、茶室。清代济南诗人乔岳曾写下《泉上即目》："风满园林月满楼，一泉围绕半城秋。溪西烟树知多少？添个渔船胜虎丘。"

珍珠泉

珍珠泉位于山东省人大常委会大院内，以平地涌泉、水泡升腾、如泻万斛珍珠而得名。珍珠泉与濋泉、溪亭泉、濯缨泉、芙蓉泉、玉环泉等济南老城内诸泉，共同组成"珍珠泉泉群"。珍珠泉是久负盛名的历史名泉，在宋代即为济南30多处名泉之一。清乾隆十三年（1748），乾隆皇帝游览珍珠泉后，诗赞珍珠泉："济南多名泉，岳阴水所潴。其中孰巨擘？趵突与珍珠。"

五龙潭

　　五龙潭位于五龙潭公园内。公园内散布着形态各异的28处名泉，共同组成"五龙潭泉群"。五龙潭公园以潭、池、溪、港等景观构成，拙朴幽静。一到夏天，这里就会变成市民最爱的亲水场所，大人孩子都能玩得过瘾。民间传说，秦琼府邸原来就在此处，一场狂风暴雨后，此地塌陷形成深潭。

月牙泉

月牙泉位于五龙潭公园内，是一处极少见的泉石景观，也是济南城区名泉中喷涌水位最高的泉。当趵突泉地下水位超过一定高度时，泉水便如同被唤醒的精灵从石窦中喷涌而出，形成"月牙飞瀑"的美妙景象。

佐泉

佐泉，位于历下区曲水亭街15号的百年老宅内，外观为方口井。泉水从井底壁间流出，平时水面是静的，水打上来后能听到泠泠水声。趵突泉的"三股水"是从中央往四周冒，佐泉的水却是从四周往中央汇聚。之前这口井并没有名字，在2011年济南市泉水普查时，通过征名认证，最终定名为佐泉。

百脉泉

　　百脉泉位于章丘区明水古城内，因"百泉俱出"得名，以"百脉寒泉珍珠滚"闻名，与趵突泉齐名，素有"西则趵突为魁，东则百脉为冠"之说。1989年，依托百脉泉建成的百脉泉公园开放，公园内还有墨泉、东麻湾等名泉10余处。

墨泉

　　墨泉位于章丘区明水古城内。泉池石砌方形，护栏皆为汉白玉雕刻，前后池壁镌舒体字"墨泉"泉名。泉水幽深、清冽甘美、涌声闷重，如沉雷隆隆，雪涛四溅。用墨泉水沏上一壶上等绿茶，可见色如琥珀，香幽袭人，极为爽口。

167

花墙子泉

　　花墙子泉原位于花墙子街87号院内，因街而得名，属"趵突泉泉群"，现在趵突泉公园内、杜康泉北侧。20世纪60—70年代曾被填埋，1997年8月恢复。泉池由块石砌成，呈长方形，泉水涌动，清澈见底。花墙子泉的泉水出露形态为渗流，常年不竭，流入西护城河。泉旁有凌霄花依水而生，婀娜的花枝探向清澈的泉池，花影与波光交相辉映，更显灵动雅致。

涌泉

　　涌泉，位于南部山区柳埠街道涌泉庵遗址。明崇祯《历城县志》有载："涌泉在神通寺西，瀑布飞悬，流入锦阳川。"据池旁所立明嘉靖《重修涌泉庵记》碑记载，涌泉庵曾于"大隋开皇重修"。涌泉水从雕刻兽头的池壁喷涌而出，汇集如同悬崖瀑布的三股泉水，通过明万历六年建造的涌泉桥，依山势三叠而下，形成"百尺飞流"奔泻而下的壮美景观。

　　泉池东侧是一片竹林，旁边有望岳亭，周边有涌泉庵、送衣塔等古迹。"滴水之恩，当涌泉相报"的文化典故便是出自这里。

檀抱泉 ～～

　　檀抱泉位于长清区万德街道灵岩峪中的第四峪村。泉上方生有千年青檀，古青檀生长旺盛，冠形大，覆盖面积广，树形优美，树根部包裹一泉，取名为檀抱泉。古青檀是"济南市十大树王"，泉水经树下洞穴流出，叮咚作响，潺缓下行约10余米，汇入一石塘中。檀因泉润，泉因檀名，泉水旺涌，终年不息。2023年在不破坏古树生长环境的前提下，打造了山、泉、池、桥小景，融入整体自然环境，形成以"古树＋名泉"为主题特色的古树保护园。

书院泉 ～～

　　书院泉位于平阴县洪范池镇书院村，因明嘉靖初年，都察院右副都御史刘隅告老还乡后在此建东流书院而得名，又名东流泉，是"洪范池泉群"中常年涌水量最大的泉水。此处山环水抱，草木葱郁，泉水盘村绕户，清雅幽静。明代于慎行在《雨中东流泉上同可大赋》中描述："风雨鸣丹谷，林亭倚翠岑。一尊今日酒，千里故人心。树动三秋色，泉飞万壑音。夜凉横吹起，直欲想龙吟。"

白泉

　　白泉位于历城区东站片区，是济南"七十二名泉"之一，分为东西两池。据记载，泉水涌动时声如隐雷，曾因"泉涌白沙"的奇观闻名，承载着厚重的历史记忆。泉水自池底渗流而出，经西池北流注入小清河。白泉生态保护项目依托"白泉泉群"，通过科学规划和系统治理，恢复湿地生态，重塑原始风貌，打造集泉水保护、生态涵养、文化展示、市民休闲于一体的城市后花园。

拔槊泉

　　拔槊泉位于南部山区西营街道办事处拔槊泉村。传说唐太宗李世民带兵东征途中，被敌军追杀到此地，兵马干渴难耐，李世民以槊击地而得水，泉名、村名由此而得。至今，泉眼处的槊痕依然依稀可见。泉水自石缝中流出，叮咚有声，清澈甘甜。

观湖

　　大明湖畔的夏雨荷，被镌刻在姹紫嫣红的碎时光里，成就了世人对济南抹不去的记忆。但是，济南的湖不只有大明湖，人也不只有夏雨荷。"一城山色半城湖"的济南，带着基因里与其他北方城市截然不同的清丽与柔和，等待着你的到来。

大明湖

　　大明湖位于历下区大明湖路271号，是由济南城中众多泉水汇流而成的天然湖泊，素有"泉城明珠"之美誉。2009年，大明湖荣膺"中国第一泉水湖"称号。大明湖有"四怪"——青蛙不鸣，蛇踪难寻，久旱不涸，久雨不涨。尽管"四怪"之谜均有合理解释，但这些独特的现象仍旧为大明湖增添了几分神秘色彩。

　　大明湖一带历代建筑甚多，漫步湖畔，历下亭、铁公祠、北极庙、汇波楼等20多处名胜景点，令人应接不暇。有"江北第一楼"之称的超然楼屹立于湖畔，看超然楼傍晚时分的亮灯，已被列入许多旅游达人的行程清单。夜色之下，登楼揽湖山、信步访名士是属于大明湖独特的浪漫。

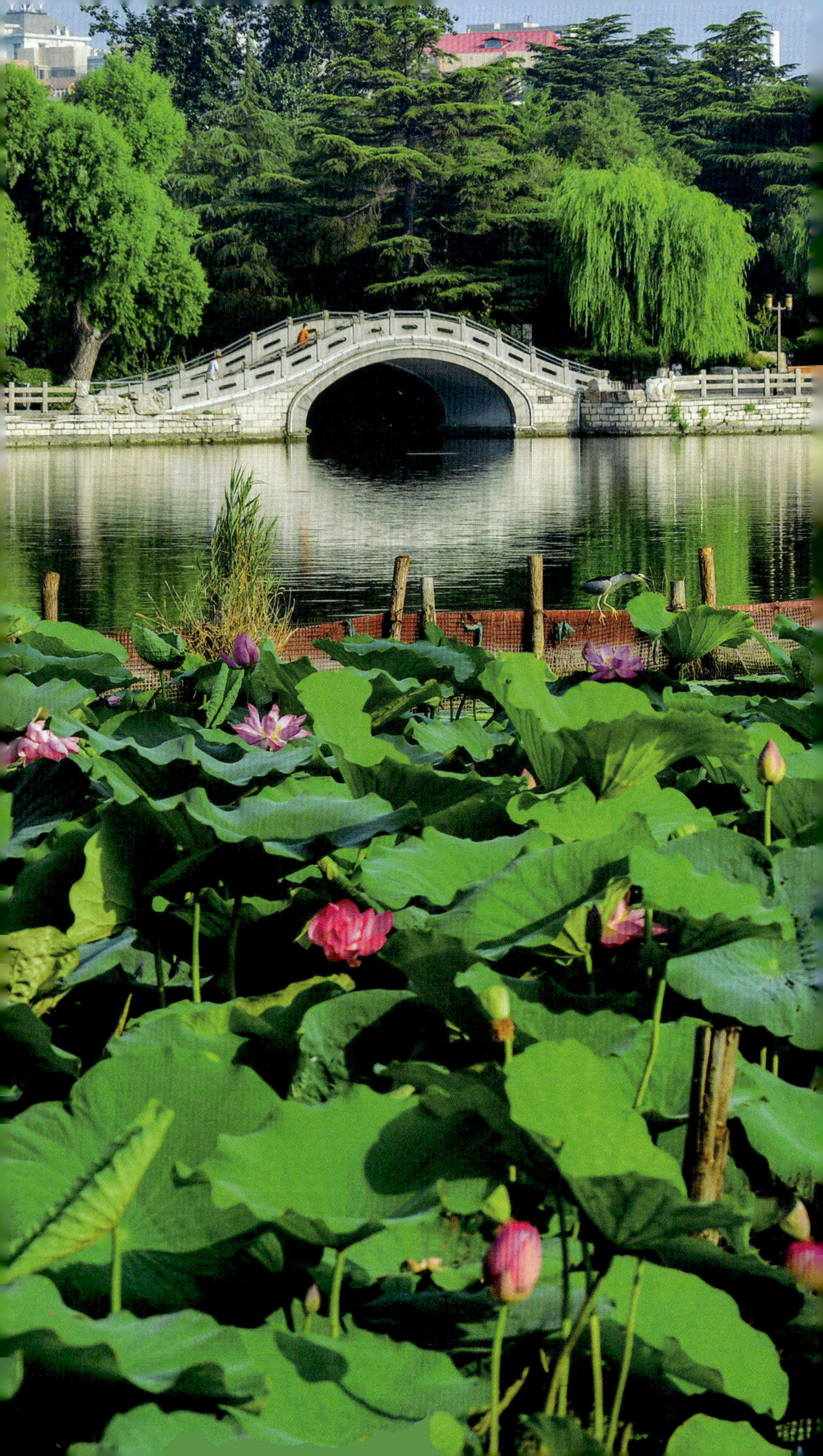

济南 荷你有约

济南的荷香，已萦绕千年。

远在1600年前的魏晋时期，大明湖水域便已广植莲荷，唐代更因"湖中多莲花，红绿间明"被称作莲子湖。

1986年，济南将荷花定为市花，从此荷花就成了济南的城市标识之一。济南的荷花之美当然不止于大明湖，郑板桥就对"展放荷花三十里"的景貌颇有感怀："济南城外有池塘，荇叶荷花菱藕香。更有苇秆堪作钓，画工点染入沧浪。"

每年夏天，"荷花节"便会如约而至，如果恰巧你也在济南，定要赴这场盛夏之约，用目光收藏这一池的绚烂。

祝我们都能"好运莲莲"，一路生花！

华山湖

　　华山湖位于历城区华山街道的华山历史文化湿地公园内，因华山而得名，是济南最大的开放性景区的核心水体，也是"山、泉、湖、河、城"精品旅游带的重要组成部分。风光秀丽，景色宜人，是济南北城区稀有的山水景色。

雪野湖

雪野湖原名雪野水库，位于莱芜区北部，最大水面面积15平方千米，森林覆盖率为70%。雪野湖附近有国家级华山森林公园、马鞍山森林公园、雪野湖国家湿地公园、房干九龙大峡谷地质公园，它们环湖而聚，形成了一幅美丽的山水画卷。在春日，可骑行，环湖路两侧美景无限，红绿相间的沥青路宛如一条彩虹蜿蜒向前；可登山，在马鞍山俯瞰雪野湖，美景尽收眼底；可登船，在码头登上古色古香的观光画舫，临窗而坐，静心领略湖上风光；也可露营，与雪野湖来一次彻底的"亲密接触"。

玉清湖

玉清湖位于槐荫区，设计呈正三角形，中间有亭子延伸到湖中央。在蓝天白云的映衬下，玉清湖如蓝绿色的玉石镶嵌在大地上，犹如"天空之镜"。

玉清湖是济南城区日常供水两大主力之一，对群泉复涌起了关键作用，有效保护和改善了济南的生态环境。冬日里，玉清湖沉沙池附近还会有鸬鹚来栖息越冬。

白云湖

白云湖，位于章丘区西北部，是山东省第三大湖泊、济南市面积最大的天然湿地，长江水、黄河水、百脉泉水在此汇聚。盛夏时节，白云湖万亩红莲竞相绽放，"接天莲叶无穷碧，映日荷花别样红"，如诗如画，美不胜收。湖中，灰鹤争鸣，鸳鸯戏水，荷盛碧水间，宛如一幅人与自然和谐共生的生态画卷。

游河

坐上画舫游船，行进在全国唯一一条由泉水构成的护城河上。从黑虎泉出发，一路经过泉桥亭榭，看两岸垂柳依依、繁花招展，行至大明湖上岸，在超然楼前拍一段亮灯卡点视频。就说这样的济南，你难道不想来？

黄河 —— *汤汤大河向未来*

黄河是位于中国北方地区的大河，属世界长河之一，中国第二长河，也是中华民族的"母亲河"。黄河自西向东分别流经青海、四川、甘肃、宁夏、内蒙古、山西、陕西、河南、山东等9个省（自治区），在东营市垦利区流入渤海。

济南因居于古济水之南而得名，其后济水消失，大清河取而代之。1855年，黄河从河南铜瓦厢决口，夺大清河入海，济南开启了与黄河伴水而生的历史。黄河流经济南平阴县、长清区、槐荫区、天桥区、起步区、历城区、高新区、章丘区、济阳区等7个区县、2个功能区。

2024年9月至2025年1月，国务院共批复37座城市国土空间总体规划，在沿黄流域9省份省会（首府）城市中，济南成为唯一的"黄河流域重要的中心城市"。随着济南携河北跨的推进，黄河和济南的故事还在延续……

济南护城河 ——🌀

　　济南护城河始建于汉代，古时也称卫城河、城隍，别称泺水、泺河，位于济南历史城区，全长6.9公里，河道宽10—30米，水面面积8.4公顷，是国内唯一一条由泉水汇流而成并流入城内湖（大明湖）的护城河。2010年，护城河全线通航，将黑虎泉、趵突泉、五龙潭等三大泉群与大明湖连为一体，构成一条新的泉水游览景观带，使济南成为全国可乘船环游老城区特色风貌带的城市之一。

小清河

小清河发源于济南城区北部，流经济南、滨州、淄博、东营、潍坊，最终由寿光注入渤海。2024年2月正式复航后，小清河为不靠海的济南打开了入海通道，目前在运货种已达20余种，在大件运输上更是表现亮眼。航运一直是济南交通发展的弱项，小清河将出海口搬到"家门口"，使济南真正成为一座港城，开启了一座内陆城市"面朝大海"的新征程。未来，小清河更是瞄准了与京杭运河的连通，构建"长江—京杭运河—小清河—渤海"航运通道，牵手全国性水运网。

大汶河

汶水现在称为大汶河，发源于钢城区汶源街道。大汶河是海岱文化的发源地，这里的东夷先民孕育了不朽的史前文明——大汶口文化；经过大汶口文化的孕育，海岱地区进入东夷文化史上的鼎盛时代——龙山文化时期。除了灿烂古老的文明，这里还有秀丽壮美的自然资源，周围绿草茵茵、芦浪翻滚、白鹭起舞。

浪溪河

浪溪河是平阴县境内的主要河流，旧称"狼溪河"，因发源于狼山（即大寨山）脚下的狼泉而得名，河长26公里，流经洪范池镇、东阿镇，在东阿镇大河口村注入黄河。浪溪河水源丰富，常年不涸，水硬度低，微量元素丰富，是制作阿胶的最佳水源，也使东阿镇成为东阿阿胶制作工艺的发源地。2020年，浪溪河被评为省级美丽示范河湖。

玉符河

　　玉符河是济南市境内的一条黄河支流，《水经注》称之为玉水，发源于南部山区的锦绣、锦阳、锦云三川。三川汇入卧虎山水库，流出水库后称玉符河。下游建有睦里闸，是小清河源头，可分水入小清河。玉符河强渗漏带下渗的河水是济南诸泉的补源之一。近年来，随着济南环境质量的改善和市民自觉护鸟意识的增强，玉符河成为动物乐园，鹭鸟等鸟类常来玉符河飞翔嬉戏。

徒骇河

  徒骇河发源于山东省西部，地处黄河北岸，流经济阳区、商河县，明代以前一般称土河。明万历十九年所修的《临邑县志》载："徒骇河由山东齐河县经下口至城东南二十五里，俗名土河。"这是把当时土河冠以《禹贡》"禹疏九河"之一的徒骇河的最早记载。如今千年徒骇河按下"美颜键"，河清水绿、景致优美，逐渐塑造出一条生态水廊。

绣江河

  绣江河亦称漾河，为小清河支流，因水流经过，水草浮动、水纹如锦绣一般荡漾而得名。绣江河是章丘区最大的一条河，被称为章丘的母亲河。源远流长的绣江河水，滋润着两岸的土地，哺育着沿岸的百姓。它亦曾使无数文人墨客前来观光游览，即景赋诗，留下了许多千古绝唱。金代诗人元好问曾有诗云："长白山前绣江水，展放荷花三十里。看山水底山更佳，一堆苍烟收不起。"

品城

泉水是济南最具独特性、代表性的地理符号和文化标识，而保护泉水，以泉水为纽带，将自然景观、历史街区和市民生活有机融合，实现由"地理符号"到"文化认同"的升华，才是济南正在探索的重大课题。

济南古城

济南古城（明府城片区）范围为护城河围合区域，总面积3.2平方千米，是"泉·城文化景观"申遗的核心区域，也是济南历史文化名城保护的核心区域。

古城（明府城片区）自然禀赋独特，片区内有80余处泉水水系，四大泉群以及新72名泉中的40处名泉位于该区域及周边，形成了"家家泉水、户户垂杨"的独特风貌。历史资源丰富，现有府学文庙等21处省级文保建筑、孙家公馆等24处市级文保建筑，集中展示了济南明清及民国时期的建筑特点。人文积淀深厚，历史上济南诗派、曲山艺海、曲水流觞等历史人文活动均汇聚于此，同时还有鞠思敏、辛铸九、丁宝桢、路大荒等近现代名人故居，江西会馆、浙闽会馆、八旗会馆等营商文化遗存，是济南弥足珍贵、不可再生的独有财富。

大观园街区 🏛

　　大观园街区位于市中区经四纬二路口，始建于1932年，灰瓦、白墙、红柱，周围以飞檐斗拱装饰，呈现出了优雅别致的"老济南"特色。重新修缮后的大观园，美食、潮玩令人目不暇接，民国建筑与现代创意元素相映成趣，彰显着新的生命力。

明水古城 🏛

　　明水古城位于章丘区明水街道车站街，以"泉+城+文化"为特色，依托百脉泉的自然基底与千年明水古城的文化积淀，深度挖掘清照文化、泉水文化、儒商文化、铁匠文化，打造了孟鸿升布坊、万盛炉冶坊、孟家大院、瑞蚨祥等10余处特色景点，还有大大小小的情景演艺。

现代之城 🏛
——济南中央商务区

济南中央商务区又称济南CBD，位于历下区，核心面积3.2平方千米，范围东起奥体西路、西至洛邑路、南抵经十路、北达工业南路。毗邻山东博物馆、奥体中心。62座百米以上高端商务载体构成CBD片区发展的骨架，13座200米以上超高层楼宇环拥而立，"山、泉、湖、河、城"五大元素的五座超高层建筑群（最高428米）已全部封顶。

凭借卓越的发展成效，济南CBD近年相继荣获"中国商务区综合竞争力20强""中国投资环境质量十佳产业园区""中国楼宇经济标杆商务区"等称号。如今，这里日益成为全市乃至全省高层建筑最密集、高端企业最集中、高端人才最集聚、高端消费最活跃的产城融合新高地。

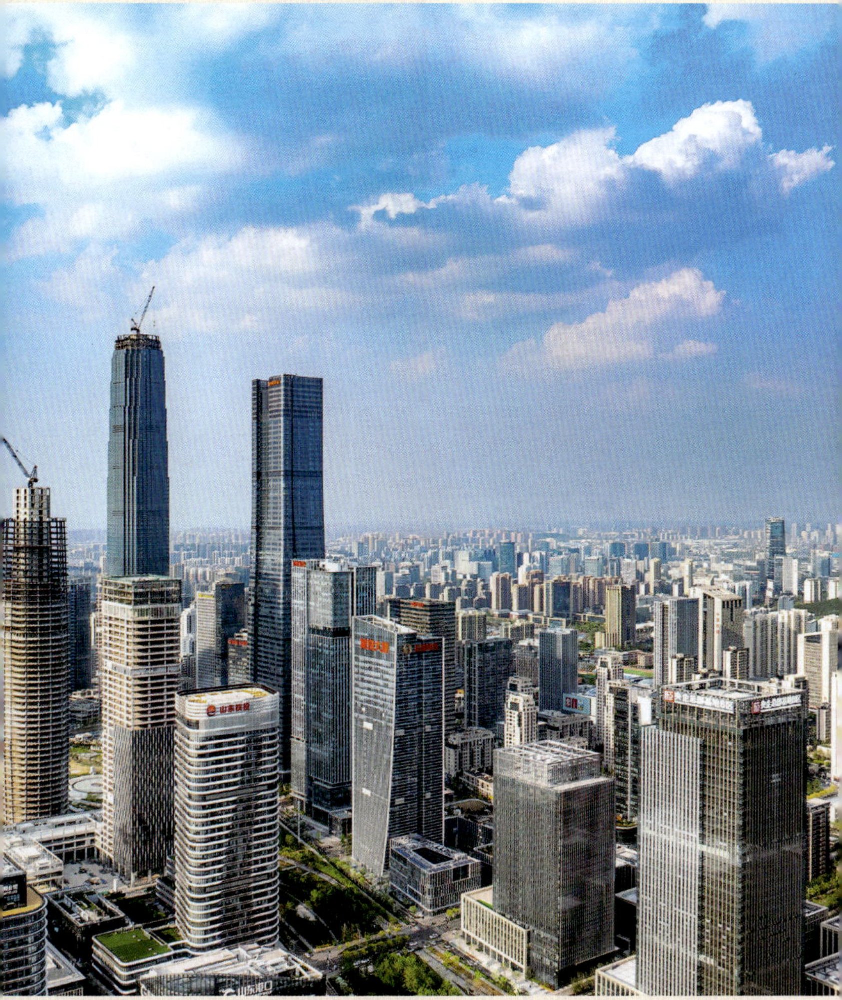

融汇济南老商埠

　　融汇济南老商埠位于市中区经三路、经四路、纬三路、纬四路围合地段。1904年，济南自开商埠，开创了近代中国内陆城市对外开放的先河。120余年来，老商埠见证了济南工商业的辉煌，聚集着众多的老洋行、老字号、老建筑，留下了丰富的历史文化遗存。这里不仅有历史建筑的风韵、中西合璧的风情、经纬分明的路网，还有夹心胡同、玫瑰瀑布、爱心斑马线等浪漫网红元素。

第七章 "五味"

Chapter Seven

刚刚好的生活

交融

这里
是奋斗热土
是诗意原乡
是人间烟火

在济南的街头，如果有人喊你"老师儿"，不要觉得他认错人了，这就是济南人之间最家常的称呼。来到济南，都是"老师儿"，没有"外人儿"。

人情味儿
温暖如家

济南"老师儿"的温暖瞬间

济南人实诚、不排外，这一点在全国有口皆碑。即使是陌生人，在济南也不会感到孤单，遇到困难总有各位"老师儿"伸出援手。

"济南超人"——许亮

2023年7月13日下午，济南一居民家中发生火灾，一名女孩被困家中，无助地跨坐在窗户边大哭。危急时刻，邻居许亮挺身而出，冒着生命危险徒手爬上十几米高台，成功救下被困女孩。许亮同志临危不惧、火场救人的英雄壮举，受到社会各界广泛赞誉。

大事难事看担当，危难时刻显本色。许亮是一名退役武警，也是两个孩子的父亲，他家中最小的孩子才1岁。他在部队服役期间，在海拔高、条件艰苦的地方担任特战骨干，多次获评"优秀士兵""优秀带兵骨干"等荣誉称号。他心系群众、乐于助人，在日常工作和生活中，是大家公认的好街坊、好同事、好青年。他不惧风险、舍己为人，面对无情的大火英勇而上，彰显了共产党人的大无畏精神。2023年7月，中共济南市委授予许亮"济南市优秀共产党员"荣誉称号；2023年11月，许亮当选"中国好人"。

"济南好人"——房泽秋

房泽秋，1960年9月出生，中共党员，济南市历下区志愿服务联合会会长，先后被评为"济南市十大孝星""山东省十大孝星""全国孝亲敬老之星""全国助人为乐模范"，2014年5月荣登"中国好人榜"。

房泽秋从小生活在大明湖畔，李玉柱是她的老邻居。1979年，李玉柱突发脑血栓无人照料，19岁的房泽秋主动担起了看护的责任。待老人病情好转出院时，房泽秋与母亲在自家住房条件极其困难的情况下将老人接回家中，一照顾就是36年，直到老人97岁去世。

"党员先锋车"——泉城靓丽流动风景线

早在2001年，济南市第一支"党员先锋车"车队亮相济南街头，他们因为驾驶技术好、服务态度优和喜欢做好人好事，赢得了泉城人民的一致好评。

2024年，济南对"党员先锋车"品牌进一步深化提升，车队从50余辆巡游出租车逐步延伸到公交车、网约出租车、大货车等客货运领域，组建起270余人的"党员先锋车"队伍，实行星级服务、星级管理，成为体现济南城市内涵、展现泉城靓丽形象的窗口。

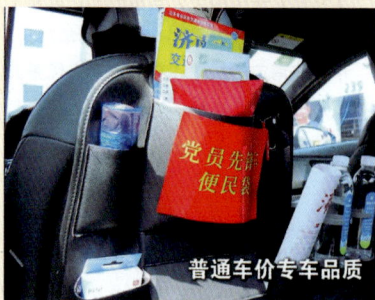

普通车价专车品质

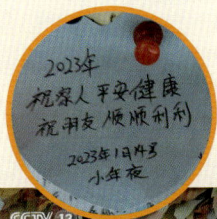

"济南速度"——济南交警"狂飙"护送

2025年2月23日上午，济南交警槐荫区大队接指挥中心调度，当天19时许有一名患有先天性心脏病及重度肺炎的女婴乘高铁转至山东省妇幼保健院进行救治，需要交警协助。执勤警力立即制定救助方案，仅用25分钟就驶过平日接近1小时的路程，为孩子争取了救治时间。3月28日，1个月大的婴儿患重症肺炎并急性呼吸衰竭，从青海跨越千里转院至山东省妇幼保健院，交警铁骑同样"狂飙"护送。这一场场生命接力中，济南市民的主动配合也令人感动，展现了这座城市浓浓的人情味。

济南人，不只有淳朴、内敛的一面，在爱生活、懂生活方面，泉水滋养下的济南人也是内行。

地标在哪里　你就去哪里

泉城广场

　　泉城广场位于泺源大街以北，黑虎泉西路以南，趵突泉南路以东，南门大街以西，是一处兼具泉城水韵与齐鲁文化内涵的开放性广场，被联合国教科文组织授予"联合国国际艺术广场"称号，是中国第一家获此荣誉的城市广场。广场东西长约780米，南北宽约230米，由四季花园、文化长廊、荷花音乐喷泉、滨河广场、泉标广场等景点构成。其中，高38.11米的泉标，是"泉城"的象征。夏日夜晚的喷泉与灯光音乐搭配，带给游客一场别开生面的视觉体验。

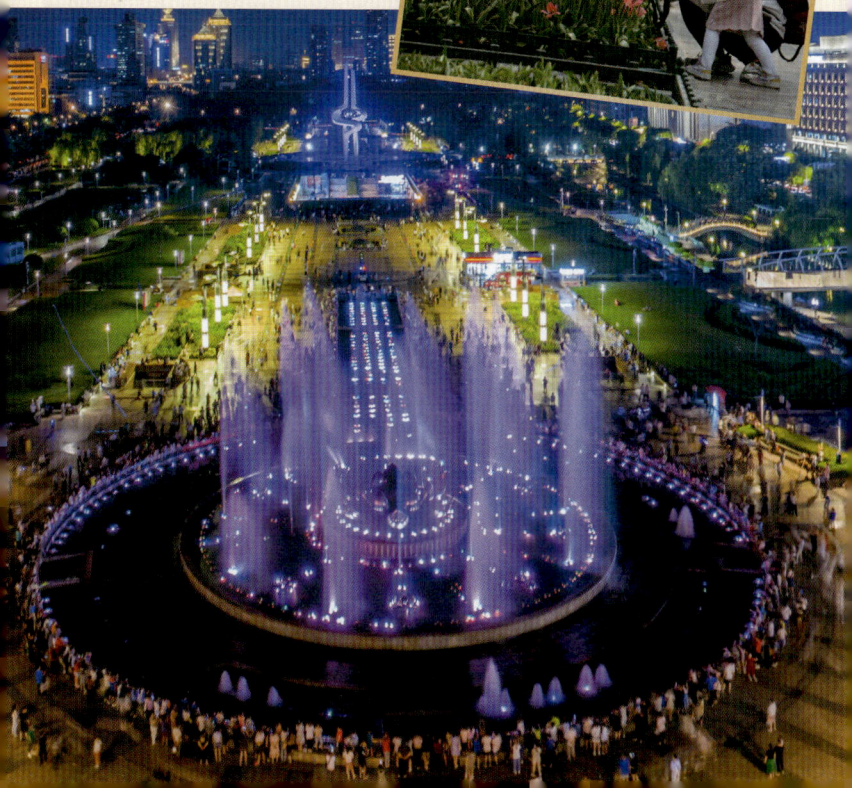

济南黄河大桥

　　济南黄河大桥位于历城区北郊，1978年12月破土动工，1982年7月建成通车。大桥由主桥和引桥组成，总长2023.44米，主桥长488米。大桥建成时为亚洲跨径最大的桥梁，在当时世界十大预应力混凝土斜拉桥中位列第8位。济南黄河大桥新桥是在济南黄河大桥下游新建的一座"跨黄"大桥，于2024年11月23日通车，为济南跨河发展开辟了新通道。

济南绿地普利中心

　　济南绿地普利中心位于市中区普利街、顺河东街与共青团路三角交汇处，是集商业、休闲、娱乐、办公等功能于一体，同时与城市绿化立体坡地公园穿插结合的城市综合体。塔楼总高度303米，为地上60层、地下3层结构，封顶时是山东省第一高楼。

济南奥体中心是位于历下区经十东路的城市运动娱乐综合体，是中国第十一届全国运动会的主场馆，于2009年5月建成使用，占地面积81公顷，建筑面积35万平方米，是济南迄今为止投资规模最大、功能最为完备的体育设施。"一场三馆"包括6万座席体育场、1.2万座席体育馆、4000座席网球馆和4000座席游泳馆，呈现出"东荷西柳"的总体布局。目前，奥体片区已经成为集体育服务、休闲娱乐、餐饮旅游、商务办公于一体的现代化城市综合体。

超然楼

历下风物，以此为胜

　　超然楼位于历下区大明湖畔，是山东四大历史文化名楼之一，由元代大学士李洞所建。其建筑面积5673平方米，坐落在宽大的汉白玉基上，顶覆铜瓦，楼高51.7米，上下共分七层，号称"江北第一楼"，是"明湖新八景"之一"超然致远"景观的核心建筑。超然楼里有技艺精湛的木雕、根雕、铜雕，有栩栩如生的陶艺展品，有名家书画精品，在这里，泉水、园林、名人胜迹、文化艺术相得益彰。

　　超然楼的亮灯仪式已成为来济必打卡的网红体验。古老的楼阁在夜色中被瞬间点亮，仿佛一颗璀璨的明珠镶嵌在大明湖畔。无数游客用相机记录下这场视觉盛宴，感受着济南这座城市的独特韵味。

洪楼教堂

　　洪楼教堂位于历城区花园路洪家楼3号，东邻山东大学洪家楼校区。教堂于光绪三十一年（1905）5月竣工，建成时是华北地区规模最大的天主教堂，2006年被国务院列为全国重点文物保护单位。教堂立面是典型的哥特式建筑风格，建筑面积约2600平方米，大厅可容纳千人。

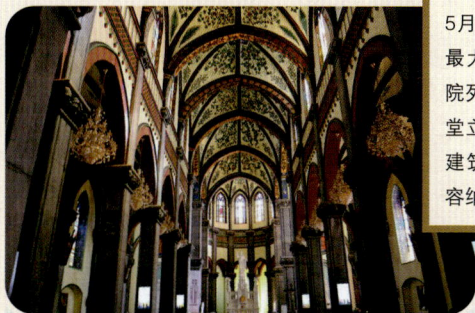

中国重汽科技大厦

    中国重汽科技大厦是中国重汽科技中心项目的一部分，位于高新区华奥路777号。大厦地上部分共有36层，建筑总高为173.75米，总建筑面积为10.8万平方米，其中地上部分为6万平方米，地下部分为4.8万平方米。硬件设施按照5A级写字楼标准设计。大厦整体造型呈泉水上涌的态势，展现出泉与水、动与静的完美结合，体现了不断向上、生生不息的寓意。

云鼎大厦

云鼎大厦坐落于高新区汉峪金融商务中心，设计独具匠心。大厦线条刚毅，形态庄重，整体造型宛如古代的"尊"形器皿，巧妙融合了历史与现代的文化韵味，与济南深厚的历史底蕴相得益彰。此外，大厦墙体的八面体设计灵感源自商周时期的珍贵文物"八方觚"，寓意着广迎四方宾客，彰显其开放与包容的姿态。大厦建筑高度339米，地上69层，地下停车场可容纳近千辆汽车停放。2022年，云鼎大厦入选"2022中国新时代100大建筑"名单。

让我们快乐地买买买 🛒

济南华润万象城

　　济南华润万象城位于济南中央商务区的门户位置，紧邻城市主干道经十路，西侧紧邻山东美术馆、山东博物馆，包括华润济南万象城项目主体及5A级写字楼、SOHO办公和配套公寓4个部分。2019年9月28日正式开业，在开业第5日销售额突破1亿元，创万象城系列新高，是济南不折不扣的城市生活聚合体和购物目的地。

济南恒隆广场

　　济南恒隆广场位于济南核心地段"金街"泉城路，总商业面积17万平方米，坐拥300余家品牌店铺，其中首店比例近3成，集美妆香氛、户外运动、潮流服饰、儿童教育及游乐、豪华影院、精品超市、世界餐饮等多种业态于一体。

济南高新万达广场

　　济南高新万达广场位于高新区工业南路57号，于2016年6月18日正式开业，是万达集团在全国开业的第139座万达广场，总建筑面积达24万平方米，涵盖购物中心、写字楼、室外步行街及住宅等多业态。广场汲取了济南的特色元素，以千佛山倒影在明镜般的大明湖中为灵感，巧妙地融合了"明湖天地，佛山倒影"的设计理念。

济南世茂国际广场

　　济南世茂国际广场北至泉城路，南至黑虎泉西路，东靠黑虎泉北路，是由购物中心、写字楼、公寓、宽厚里组成的集购物、休闲、娱乐、办公于一体的大型商业综合体，总建筑面积达40万平方米。

印象城

印象城坐落于历城区花园路洪家楼商圈，总建筑面积达11万平方米，由7层高的裙楼及商业街区组成。印象城通过超现实艺术装置、沉浸式跨界美食体验以及未来科技设计手法，融合"未来""科技""烟火气"等主题，建立了"潮流无界"的观念，引领了洪楼商圈的消费升级。

CCPARK创意港

CCPARK创意港位于历下区千佛山路1号，这里定期举办展览、音乐会、夜市后备厢市集、摇摆舞会、夜间美术馆等特色活动，逐步形成了以音乐、艺术、慢生活、夜消费为特色的休闲风尚，打造的特色"文化IP"也日益凸显，深受青年人喜爱。

印象济南·泉世界

　　印象济南·泉世界位于槐荫区，再现了具有济南地域特色的古城、商埠、市井、民俗等城市文化脉络。2021年被文化和旅游部确定为第一批国家级夜间文化和旅游消费集聚区；2022年10月被确定为国家AAAA级旅游景区；2023年11月入选第三批国家级旅游休闲街区名单。

宜家家居

　　宜家家居位于槐荫区烟台路121号，靠近济南森林公园，乘坐地铁2号线可直达。自2017年开业以来，宜家家居不仅为济南消费者提供了琳琅满目、性价比极高的家居商品，更针对济南市民的本地化需求，精心推出了融入济南特色的产品解决方案。这家自1943年在瑞典创立的带有浓厚北欧特色的家居企业，正与济南西部经济圈的发展紧密相连。

百联奥特莱斯

　　济南拥有位于槐荫区美里路的百联奥特莱斯广场（济南·海那城），以及位于高新区春晖路的百联奥特莱斯广场（济南·高新）两个项目。海纳城项目总建筑面积达5.3万平方米，配套近6000个免费停车位，其建筑形象以16世纪意大利小镇作为原型打造，是国家AAA级旅游景区。高新项目总建筑面积10.5万平方米，定位为集奢侈品牌，国际、国内一线品牌及知名连锁品牌的折扣购物广场，还配套了精品超市、餐饮、休闲等功能性商业。

首创奥特莱斯

　　济南首创奥特莱斯位于历城区世纪大道与唐冶东路交叉口西北区域，与武汉首创奥特莱斯一起，共同构成了全国首单以奥特莱斯为基础设施的公募REITs项目。济南首创奥特莱斯持续深化"精品奥莱"的品牌定位，2024年引入了CoCo＆Dezom（山东首店）、蕉下（山东奥莱首店）、Tommy、Lacoste、Hazzys等20余家国内外知名品牌，进一步丰富了品牌布局与业态组合，满足消费者对多元化、高品质商品的需求。

济南红星美凯龙山东1号店

济南红星美凯龙山东1号店位于天桥区北园大街225号，总建筑面积18万平方米，是集家居设计、建材采购、智能消费于一体的超五星级家居综合性产业平台。现入驻全球500强品牌及国内高端家居品牌800余家，获评"国新杯·ESG金牛奖百强"，率先建立正品追溯体系与环保标准认证机制，是泉城家居消费核心地标。

就要游山玩水、吃喝玩乐

天下第一泉风景区

天下第一泉风景区位于济南的市中心，是国家AAAAA级旅游景区、国家重点公园，由"一河（护城河）一湖（大明湖）三泉（趵突泉、黑虎泉、五龙潭三大泉群）四园（趵突泉公园、环城公园、五龙潭公园、大明湖风景名胜区）"组成，是集独特的自然山水景观和深厚的历史文化底蕴于一体的精品旅游景区，总面积3.1平方千米。景区以天下第一泉趵突泉为核心，泉流成河、再汇成湖，与明府古城相依相生，泉、河、湖、城融为一体，集中展现了独特的泉水水域风光。

夏雨荷花灯

　　夏雨荷花灯位于历下区大明湖畔，是济南市第44届趵突泉迎春花灯会核心灯组，以经典的"夏雨荷"人物形象为创作原型。该灯组高12米，历经6天组装完成，创下历届花灯会单体造型最大纪录。其标志性造型成为游客争相打卡的文旅新地标。

趵突泉迎春花灯会

趵突泉迎春花灯会是济南市一年一度的传统民俗文化活动，每年大年初一正式启幕。当夜幕降临，花灯会点亮整个泉城，各种主题的灯组将泉城装点得如梦如幻。漫步其中，仿佛走进了光影交织的童话世界，随手一拍都是朋友圈的爆款美照！

济南植物园

　　济南植物园位于章丘区埠村街道，是国家AAAA级旅游景区、齐鲁山水新十景之一。园内分布着科普馆、银杏园、牡丹园等十余个园区，具有植物科学研究、种质资源保存、植物知识普及、新优植物推广、游览观赏休憩、生态示范展示等功能，是济南新一代综合植物园。

济南森林公园

城市的绿色心脏

　　济南森林公园位于槐荫区张庄路321号，这里演绎着四季更迭的生态画卷，春天樱花雨、夏日绿荫道、秋日银杏毯、冬季雪松林，随手一拍都是壁纸级画面。济南高标准打造万米公园智慧健身步道，其中济南森林公园已建成2300米样板段。

百花公园

在济南，有种春日限定就叫作"百花公园"。这个位于历城区，东临二环东路、西至闵子骞路的城市公园，绝对是每年春天济南最浪漫的场所之一。百花公园北环路两侧和西北角的玉兰花，是当之无愧的"春日顶流"。这里有着市区里最大规模的玉兰花群等您欣赏。

莱芜红石公园

　　莱芜红石公园位于莱芜区中心，南靠鲁中大街，北依汶源大街，东邻公园路，西接长勺路，总面积约54万平方米，其中水面面积约8.5万平方米，是莱芜区最大的综合性娱乐场所，也是区内最大的开放式公园。整个公园因有较大面积的裸露红石而得名。那些色彩鲜艳斑驳、花纹奇妙多变的红石，生成于距今一亿多年前的中生代侏罗纪。

济南动物园

　　济南动物园，原名金牛公园，位于天桥区济泺路87号，始建于1959年。园内分为动物展览区、娱乐游玩区、科普教育区等区域，并建有游乐园、海洋馆、科普馆，是一处非常适合亲子游玩的乐园，承载了无数济南人的童年记忆。

来玩呀

济南野生动物世界

　　济南野生动物世界位于章丘区埠村街道，距离济南市区约35千米。园区占地面积约146.7万平方米，森林覆盖率高达92%，分为南北两大园区，北部园区为步行游览区，南部园区为乘车游览区。步行游览区以"主题式"展示分区，由鸟鸣花谷、吉象领地、虎啸山谷、林梢王国、熊猫馆、花豹小径、獴哥密室探险、青龙印象、河马犀牛馆、歪歪猫亲子乐园等区域组成。乘车游览区以"地理生境"展示分区，由非洲草原、高寒山地、澳洲山林、狂野地带、亚洲草原5个区域组成。园区以散养和圈养相结合的方式，打造具有国际水准的野生动物王国。园区饲养着各类珍稀保护动物300余种，近4000头（只），集动植物保护、研究、旅游观赏、科普教育于一体。

济南方特东方神画

济南方特东方神画位于槐荫区济齐路277号，整个园区由8大主题区组成，是一个以中国传统文化为核心，结合现代高科技表现手段，展现中华各民族特色的高科技主题公园。园内项目多样，招牌项目有仙岛探秘、九州神韵、丛林飞龙……奇趣体验应有尽有。

济南融创文旅城

　　济南融创文旅城位于历城区，是山东首个集文化、旅游、体育、商业、会议会展于一体的文旅综合体，拥有融创乐园、融创茂、融创国际体育中心、水世界、海世界、体育世界、酒店群、国际会议中心、大剧院、滨河酒吧街十大欢乐业态。打卡济南融创乐园必游的经典项目、深度探寻海洋奥秘、沉浸式体验东南亚异域风情……多元欢乐，在这一一呈现。

菠萝山公园

　　菠萝山公园位于高新区草山岭北路万科麓山与草山岭小区北侧，即科创金融公园。踏上菠萝山公园绵延起伏的绿毯，每一步都像踩进云朵里。这里没有围墙束缚，只有山丘与天际线勾勒出的几何美学。远处商务楼群的玻璃幕墙倒映着流云，人们坐在半山腰的长椅上享受这独属于都市人的观景台。

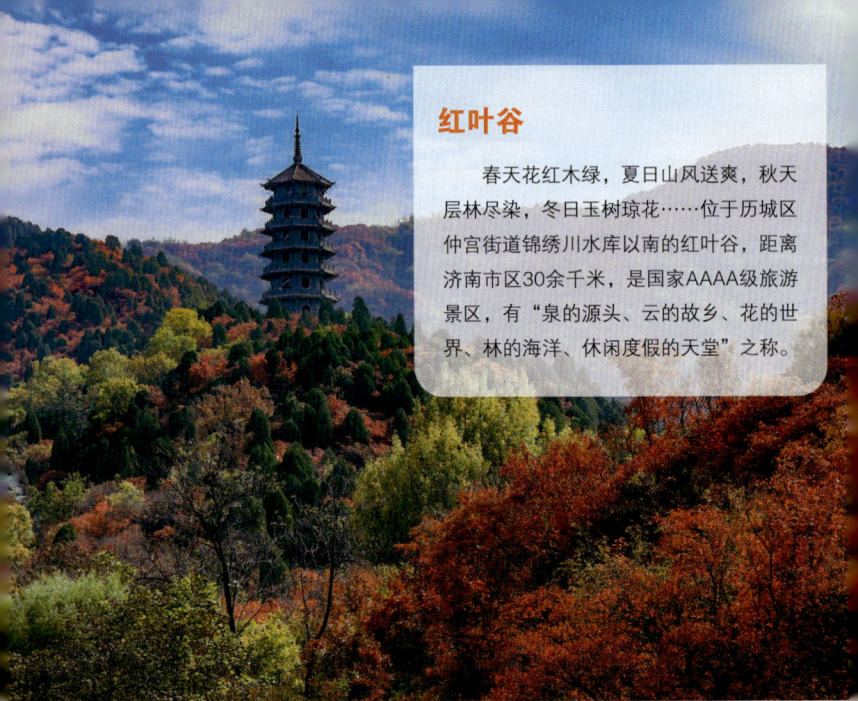

红叶谷

春天花红木绿，夏日山风送爽，秋天层林尽染，冬日玉树琼花……位于历城区仲宫街道锦绣川水库以南的红叶谷，距离济南市区30余千米，是国家AAAA级旅游景区，有"泉的源头、云的故乡、花的世界、林的海洋、休闲度假的天堂"之称。

九顶塔民族欢乐园

九顶塔民族欢乐园位于南部山区柳埠街道东南，是国家AAAA级旅游景区，是集中华民族风情、风景名胜、瀑布群、游乐探险、系列实景剧演出和休闲度假于一体的互动式大型原生态文化旅游区。景区汇集了中国傣、壮、藏、彝、佤、摩梭等16个少数民族与泉城人家、泰山人家、胶东人家等6个齐鲁民居，向游客展示不同的民居、民俗、歌舞、服饰、餐饮和民间工艺等。

济西国家湿地公园

济西国家湿地公园位于长清区黄河东侧，占地面积11.3平方千米，2017年被评为"山东最美湿地"。湿地内港汊纵横，水流清冽，交织形成大小岛屿近100座；水生植物极其丰富，芦苇丛生，荷花、睡莲等争奇斗艳；野生动物种类较多，共记录有陆生野生动物25个目57科202种，鸟类140余种（含国家一级、二级野生保护鸟类20余种），昆虫500余种。

济南国际园博园

　　济南国际园博园位于长清区大学路，占地面积约345万平方米，是国内最大的陆地园博园。园区里藏着108个风情各异的城市展园，从江南水榭到塞北雄关，从竹林幽径到欧式建筑……一天能打卡大半个中国的园林美学。周末不妨暂离城市喧嚣，在湖心岛等一场日落，于竹林茶轩听风品茗，你会发现：济南的春天，原来藏在园博园的飞檐翘角与潋滟波光里。

朱家峪景区

　　朱家峪景区位于章丘区官庄街道，距济南市区约45千米，有"齐鲁第一古村，江北聚落标本"的美誉。近年来，景区打造了新时代闯关东文化展览馆，将古村文化与闯关东文化进一步融合，修复了老街五大景点（进士故居、朱氏北楼、朱氏家祠、女子学校、李精一故居）、景区入口处水面景观（文昌湖工程），以及景区内四家餐饮大院，并恢复了八大传统作坊。

棋山温泉小镇

　　棋山温泉小镇位于钢城区里辛街道。这里小桥流水与潺潺山溪交织成曲，青松古树点缀其间，美不胜收。温泉水温常年保持在45℃左右，水质pH值为7.99，富含锂、锌、砷等多种矿物质，偏硅酸含量更是远超国家标准。在这里，你仿佛置身于一幅生动的山水画卷之中。走进棋山温泉，让疲惫随着水汽消散，将自己沉浸于山野与汤池之间，沐浴在温暖的阳光里。闭上眼，细嗅空气中的自然芬芳，让心灵在自然的怀抱中自由飞翔，享受那份难得的宁静与美好。

商河温泉基地

　　商河温泉基地位于商河县商西路，将温泉文化与风景园林相融合，展现了自然、闲适、健康、疗养的温泉理念，突出温泉产品的文化特色和保健特色。酒店内，映月湖、垂钓园、观景台与小桥流水、青峦叠翠、雅致别墅相映成趣；庭院中，花草繁茂、古树挺拔，树叶扶疏间尽显生态之美。

玫瑰嘉园

　　玫瑰嘉园位于平阴县玫瑰镇，占地约4.66万平方米，是集玫瑰观赏、玫瑰文化、旅游休闲于一体的公益性综合公园。园内精心打造了沉香湖、馨香石、添香台、涌香泉、留香亭、醉香阁、飘香溪等10余处景点。游人进入玫瑰嘉园，看到的是玫瑰风情，闻到的是玫瑰气息，尝到的是玫瑰味道，享受到的是玫瑰心情。在这里，游客将身心愉悦地畅游在玫瑰花海里。

芳蕾玫瑰花乡田园综合体

　　芳蕾玫瑰花乡田园综合体位于平阴县玫瑰镇，是国家AAA级旅游景区。景区以玫瑰花海观光为核心，占地约253万平方米，涵盖四季花海示范区、玫瑰博览中心等景观，形成集农业示范、研学拓展、康养医疗于一体的田园综合体。

风在酿蜜
花在等你

七星台风景区

七星台风景区位于章丘区垛庄镇，因"七峰竞秀，势若北斗"而得名。景区内风景秀丽，环境幽雅，森林覆盖率高达85%，堪称"天然氧吧"。盛夏时节，松涛阵阵、凉风习习，是避暑休闲的良好去处。景区内文化底蕴浓厚，历史上这里有兵圣孙武的演兵场、三国时期曹操修建的品官阁、唐太宗李世民东征时纵马扬鞭的拦马摇等众多遗迹。

百里黄河风景区

　　黄河穿城而过,孕育、滋润了一代又一代的济南人。在位于天桥区泺口街道的百里黄河风景区,游人不但可以欣赏被誉为中国"水上长城"的黄河堤防、险工、水闸等工程景观,更可体会凌"悬河"之上的奇伟之感。

大小门牙景区

　　大小门牙景区位于南部山区仲宫街道门牙村,是济南人的避暑胜地。村南的蒲山上有一个南石门,村北的木梨寨山上有一个北石门,它们遥相呼应,形似门牙,因此得名"门牙村"。景区倚锦阳川而建,依山傍水,景色宜人。景区内有很多瀑布,游客可亲水戏水,还可品尝地道农家菜。

济南青铜山大峡谷景区

　　济南青铜山大峡谷景区位于南部山区仲宫街道。这里不仅有秀丽的山水风光、神秘的溶洞探险，还有刺激好玩的漂流和各种亲子娱乐项目。炎炎夏日，这里远离城市的喧嚣和酷热，游客可以尽情领略大自然的神奇魅力。

芦南村度假区

　　芦南村度假区位于历城区港沟街道。作为一个"农、文、旅"融合空间，芦南村将东园区化身为"乡村X青年街区""治愈系田园社交空间"，通过打造慢节奏的文艺生活场景体验，并结合定期举办的艺术及精神治愈主题活动，为"精神村民"划分出一方远离都市的精神领地。

房干生态旅游区

　　房干生态旅游区位于莱芜区雪野街道，属泰山余脉，森林覆盖率达90%，被国际环保专家赞为"绿色天堂""山区明珠"，并享有"中华生态第一村"的美誉。旅游区拥有"江北第一大峡谷"之称的九龙大峡谷、集北方雄浑与江南柔美于一体的梦幻情人谷等众多景观。

雪野旅游度假区

　　碧波万顷、山水相映的雪野旅游度假区，位于莱芜区雪野街道，拥有济南50千米都市圈内最大的水面。在这里，不仅有房干、吕祖泉等11处景区环湖而立，还有全球规模第二的航空科技体育公园、齐长城遗址等景点，自然风光优美，人文底蕴厚重。

"天上的街市"乡村旅游度假区

　　"天上的街市"乡村旅游度假区位于莱芜区王老村,现已建成乡村振兴齐鲁样板研究院、山乡宿集西坡民宿、故乡的云民宿、星空露营地、玻璃水滑道、美食和民俗文化街、艺术书店、饮鹿书院、萌宠乐园、田园采摘等20多种业态。度假区不统一收取门票,而是通过构筑开放空间,实现与村民的共建、共生、共享,打造"不是景区的景区"。

牧牛山

　　牧牛山位于历下区洪山路与霞景路交叉口。当春日把调色盘打翻在山腰，牧牛山就变成了会呼吸的漫画册。南坡那片"绿丝绒剧场"，让我们每一步都像踩在抹茶舒芙蕾上——松软到想打滚，却怕压皱了自然的诗行。登顶刹那，整座城市在脚下舒展，晨雾中的远山如水墨晕染，晚霞里的楼群则像被点燃的琥珀。

野峪顶山体公园

　　野峪顶山体公园位于历下区龙鼎大道北首西侧，是一座集景观观赏、游览休憩、涵养水源等功能于一体的城市山体公园。园内有国槐、五角枫、白皮松、紫叶李、连翘、黄栌等植物。登高远眺城东风景，孟家水库的旖旎风光也能尽收眼底。

黄河银杏林

　　每年立冬之后，济南人仍会忙着"赏秋"。位于建邦黄河大桥西侧的济南黄河大坝千亩银杏林，每到此时就会变成金灿灿的海洋，如梦如幻，是济南人寻觅叶落成诗的浪漫之地。

九如山瀑布群

　　九如山瀑布群位于南部山区西营街道，是泉城72名泉发源地之一——锦绣川水库的源头，也是著名的"泉城新八景"之一"九泉听瀑"的所在地。九如山瀑布群以自然景观为主题，以"层峦叠嶂的山峰，银珠飞落的瀑布，曲折险峻的栈道，潺潺而下的溪流"为特色。这里还有中国浪漫野奢度假聚落和30余处"艺文休闲体验馆"。

卧虎山水库

　　卧虎山水库，也称"镜儿湖"，位于南部山区仲宫街道，水库流域面积557平方千米。它静卧于锦绣川、锦阳川、锦云川三川交汇之处，四周群山环抱，倒映着如诗如画的湖光山色。

　　水库常在清晨呈现云海奇观：但见滚滚云雾自东向西漫卷而来，茫茫一片笼罩天地，岸边村舍、树影皆若隐若现。连绵云团或轻盈舒展，或盘旋升腾，如纱似幔地轻抚湖面，令观者恍若置身仙境——此景堪称水库风光之绝唱。

济南人有自己的海

锦绣川水库

　　锦绣川水库是位于南部山区锦绣川乡的一座中型水库，1970年建成，蓄水来源为地表水，主要承担济南南部区域生活供水、农业灌溉及生态补源任务。锦绣川，又名北川，发源于西营梯子山，全长约36千米，是济南"南山三川"之一，在仲宫与锦阳川、锦云川汇合，注入玉符河。水库两岸风景秀美，山风掠过，令人心旷神怡，是济南人避暑的理想场所。

孟家水库

孟家水库位于历下区龙鼎大道中段，不仅是济南东部重要的水面资源，还是大辛河的源头。水库四周奇峰秀岭，水面蜿蜒曲折、云雾缥缈，宛如一幅山水画。如今，该水库转型为一个城市公园，沿着水库的走势修建了许多浅水堤坝和过水石阶，形成了多个浅水嬉戏区，非常适合家庭出游。

钓鱼台水库

山水为卷 探索自然

钓鱼台水库是藏在长清区的一处世外桃源，因河岸边原有一巨石突峙，状如钓台，故名钓鱼台，水库建成后得名"钓鱼台水库"。登高俯瞰，水库全貌尽收眼底。湖水在阳光照耀下闪烁着粼粼波光，如一块巨大的翡翠镶嵌在大地上。周边错落有致的村庄、随风转动的风车，与青山绿水共同勾勒出一幅灵动的田园风光图。

卧云铺村　　古村古韵 古色古香

　　卧云铺村位于莱芜区茶业口镇，因其地势高，四周云雾缭绕，整个村庄仿佛卧在云中，故而得名。漫步在村中，齐长城烽火台、风门道关等历史遗址静静诉说着过往的故事；宏伟壮观、依山而建的明清万亩高山梯田，展现着先辈们的勤劳与智慧；200余座原始古老、建造独特的石屋院落，别具一格，散发着浓郁的古朴气息，让人沉浸其中，感受岁月的沉淀。这里先后被评为"中国传统古村落""国际美丽乡村""山东省旅游特色村"，是一片名副其实的风水宝地。

逯家岭村

逯家岭村位于莱芜区茶业口镇政府驻地东北12千米处，海拔650米，有600多年历史。村南边为陡峭的悬崖，房舍建在悬崖边上，被称为"挂在悬崖上的村庄"。2019年，电视连续剧《安家》以逯家大院以及逯家岭村的古道作为取景场地，使逯家岭村成为远近闻名的"网红打卡地"。2023年，被列入第六批中国传统村落名录。

藏龙涧

藏龙涧是历下区龙洞风景区内的一处山体断裂带峡谷，东西狭长，开阔处宽数丈，最窄处伸两臂便可摸到两侧峭壁，峡谷两侧如刀削斧凿一般峭立，被称为"济南人家门口的张家界"。因特殊的峡谷地貌，山谷里的风声低沉如龙吟，故而得名。藏龙涧里春有烂漫山花，夏有蔽日绿荫，秋日漫山红遍，冬季玉树琼枝，是户外爱好者的打卡胜地。

住住民宿　慢慢生活

南山月

　　南山月民宿位于南部山区仲宫街道尹家店村，毗邻九如山艺文小镇与卧虎山水库，距离市中心大约半小时车程。这里三面环山、植被茂密，充满了艺术气息，兼具"城之近"与"山之幽"双重优势，是都市人群逃离喧嚣、听虫鸣风声的理想之选。

走出都市
远离喧嚣

月隐山居

　　月隐山居位于南部山区柳埠街道柏树崖村，民宿设计借鉴南方古典园林元素，小桥流水、奇形异石点缀其间，漫步园中，一步一景，妙趣横生；夜晚静谧美好，清晨云雾缭绕，仿若置身世外桃源。民宿共有客房10间，其中3间被评为"泉城人家"5星级民宿，并获得创意策划一等奖，是高端民宿的典范。

红颜容木桶酒店

    红颜容木桶酒店位于南部山区的九如山瀑布群风景区，住房外观像装红酒的橡木桶，沿湖而建。每栋木桶房都配有独立庭院，院内种满了各种花卉，景致各异，随四季变化。从木桶房的窗户望去，远处的山峦云雾缭绕，仿佛一幅水墨画卷。

袁洪峪度假村

    袁洪峪度假村位于南部山区柳埠街道亓城村，三面环山，植被茂密，森林覆盖率80%以上，负氧离子含量是市区的300倍，空气清新，温度宜人，是名副其实的天然"氧吧"。园区内分布着苦苣泉、避暑泉、琴泉、试茶泉四大名泉，故有"南部泉都"之称。

如你所院

不知从何时起，长清区张夏街道"长"出了一片"网红小院"，来这里围炉煮茶、就餐打卡成了一种时髦的生活方式。"如你所院"就是其中一座小院，也是张夏街道第一处休闲式网红庭院，占地600平方米，主打长清元素、杏花主题。饮食特色是猪肚鸡、牛肉煲、自助烧烤、杏皮茶饮。

回归田园 悠然自得

"你好，那麓湾"民宿

"你好，那麓湾"民宿位于平阴县玫瑰镇，坐落于山水相映的南北泉静谧乡野，以11栋白墙灰瓦的庭院为主载体，是集田园栖居、生态互动、团队共创于一体的轻奢乡村文旅空间。"逃离喧嚣，即刻抵达""诗意空间，私享院落""多元场景，全龄共鸣"，可满足家庭聚会、好友小憩、企业团建、周末遛娃等多维需求，从一声"你好"，开启曼妙的故事。

孟里悦

　　孟里悦位于商河县贾庄镇孟庄铺村，毗邻京沪高速商河出口，距离市中心大约1小时车程。这里因"亚圣"孟子的后裔迁居于此而得名，儒家文化、农耕文明底蕴深厚。近年来，依托商河独特的地热资源优势，积极发展温泉民宿，主打"一房一私汤"，私密安心、放松身心，同时导入中医康养、亲子游乐、儒家主题研学等业态，是温泉康养的不二之选。

雪野山居

　　雪野山居位于莱芜区雪野街道大罗圈村，群山环抱，云雾缭绕。民宿依山而建，将村庄闲置的小院进行修缮改造，最大程度保留着原有房屋和自然构造，推窗即见满目翠绿，夜晚则能仰望星空，聆听山间虫鸣。来这里，体验一场远离尘嚣的隐居生活，看夕阳缓缓沉落，尽享生活中的小确幸。

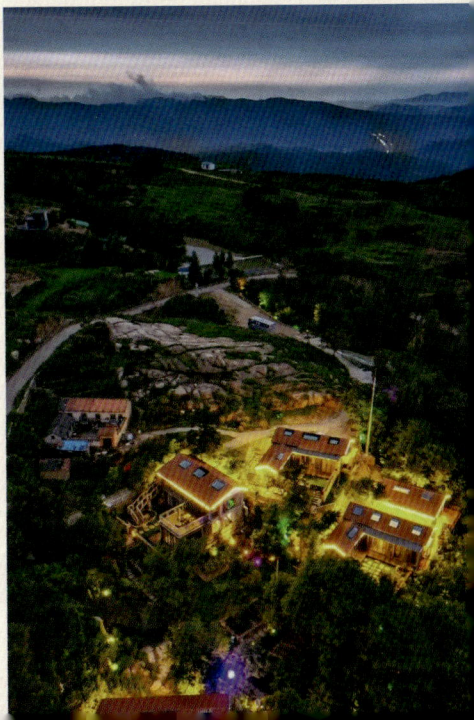

以天为幕 以地为席

雪野国际露营度假村

　　雪野国际露营度假村位于莱芜区雪野湖北岸，背靠马鞍山，位置优越，环境一流，融合了湖泊、森林、人文等多种优质景观资源，是春游度假的新地标。碧波荡漾的雪野湖近在咫尺，在这"安营扎寨"，可以聆听虫鸣鸟叫，嗅闻花草芬芳，安静欣赏大自然的动人乐章。

更多精彩民宿 参见官方推荐

泉在济南·春日寻芳

济南民宿地图

槐荫区

开埠1904民国主题客栈
地址：印象济南泉世界园区
中央广场西北角

意悠舍精品民宿 ☆☆☆☆
地址：槐荫区青岛路2688号
印象济南泉世界1区三号楼

芳华酒店 ☆☆☆
烟雨酒店 ☆☆☆
悦入酒店 ☆☆☆
追梦酒店 ☆☆☆
地址：槐荫区腊山河东路
印象济南·泉世院内

平阴县

花开百世民宿 ☆☆☆
地址：平阴县东阿镇北市村

绿泽石里画乡民宿
地址：平阴绿泽画院景区

全福民宿 ☆☆☆
地址：平阴县洪范池镇泉福
小江南景区内

书院泉精品木屋民宿
地址：平阴县洪范池镇
龙池大街东首

忆楼缘庄民宿 ☆☆☆
地址：平阴县委旧址
王楼村

悠然庄科民宿 ☆☆☆
地址：平阴县玫瑰镇

长清区

云麓玖院
地址：长清区万德街道界首村

泰山和居民宿 ☆☆☆
地址：长清区万德街道房庄村

马套茶园民宿
地址：万德街道马套村

南山区

九如山·闲木山居 ☆☆☆☆☆
九如山·不二木居民宿 ☆☆☆☆☆
九如山·猫窝民宿 ☆☆☆☆☆
地址：西营街道九如山艺文小镇内

花筑·柒舍山居 ☆☆☆☆
济南朴居乡舍民宿 ☆☆☆☆
山隐憩庐民宿院 ☆☆☆
山韵栖舍民宿园
地址：西营街道大南营村

天意田园民宿
地址：仲宫街道刘家村河北岸安峪

廊庐民宿 ☆☆☆☆
地址：西营街道拔槊泉村

尚山民宿 ☆☆☆
地址：石尧村209号

安子峪民宿 ☆☆
地址：柳埠街道柏树崖村
安子峪

爱晴·南山月嘉趴民宿
地址：仲宫街道尹家店村
生产路66号

风之谷民宿 ☆☆
地址：西营街道办事处赵家
庄村312公交车站东50米

南山晓园民宿 ☆☆☆
地址：仲宫街道马家村

常鎏居民宿 ☆☆☆
地址：西营街道下罗伽村
常鎏居民宿

伴山小院 ☆☆☆
地址：西营街道佛峪村水
库西20米

天晴·院子 ☆☆☆
地址：西营街道天晴峪村

轶轩民宿园 ☆☆☆
地址：仲宫街道北刘家峪
村110号

商河县

瓯蔓晓院温泉民宿
地址：商河县商中路与新湖街
路口往东200米

祥富民宿 ☆☆☆☆
地址：商河县贾庄镇孟庄
铺村

历下区

泉水人家民宿 ☆☆☆☆
地址：后宰门街107号

隐泉别院 ☆☆☆
地址：鞭指巷111号

济南和堂民宿 ☆☆☆
地址：马市街12号

历城区

彩石东泉·山乡后院 ☆☆☆
地址：历城区彩港路2号

融创文旅城宋品民宿 ☆☆☆
地址：历城区凤鸣路
5865-1号

章丘区

若谷山居精品民宿 ☆☆
地址：垛庄镇四角城村

隐居山舍民宿 ☆☆☆
地址：垛庄镇东车厢村

院耕·时养山居 ☆☆☆
地址：文祖街道石子口村

市中区

石崮寨民宿
地址：市中区十六里河街道石崮沟村116号

莱芜区

雪野山居民宿 ☆☆☆
地址：雪野街道大罗圈村

山中石筑民宿 ☆☆☆
地址：高庄街道赵家峪村

院耕·鹤鸽楼民宿 ☆☆☆
地址：牛泉镇鹤鸽楼村

云中居民宿 ☆☆☆
地址：茶业口镇卧云铺村

九峰谷民宿 ☆☆☆
地址：高庄街道桃家庄村

慧茗山居民宿 ☆☆☆
地址：雪野街道北双王村

桃杏村康养民宿 ☆☆☆
地址：和庄镇马朵湾村

泉城济南
Spans The City
Of Springs

济南市文化和旅游局
济南市旅游宣传推广中心

当一个活力满满的年轻人 🎸

观赛！
释放压力与激情

2024年，济南共举办各级各类体育赛事2.6万场次，累计参与593万人，赛事涵盖足球、篮球等62个运动项目。除了竞技比赛，济南还致力于打造本土赛事品牌。比如，"泉赋舞庄"国际街舞大赛、泉城首届电竞嘉年华暨2024穿越火线职业联赛春季总决赛、2024年中国网球巡回赛济南站、中国高尔夫球巡回赛济南公开赛等高水平赛事。

2025年，济南相继举办ONE冠军赛、济南国际网球公开赛、济南市第一届运动会、2025年穿越火线职业联赛（CFPL）春季赛总决赛、2025和平精英职业联赛春季总决赛等各类赛事，全年各级各类重点赛事活动不少于3000场。

扫码关注"济南市体育局"官方公众号，了解每周赛事信息。

嗨歌！
明星都爱来济南

作为第一批国家文化和旅游消费示范城市，近年来，济南积极探索激发演艺市场主体活力，从演唱会、音乐节到舞台剧、脱口秀等，推动演出市场扩容向新、多点开花。举办过刀郎、张学友、张信哲、张靓颖、林俊杰、蔡依林、李健、李宗盛、周杰伦演唱会等大型演出活动。

挥汗！ 燃烧你的卡路里

在奥体中心体育场、济南市全民健身中心、黄河健身公园、唐冶中央公园，到处都能看到人们休闲健身的场景。2025年6月，济南还开展了"一城山色·登山打卡"系列活动暨第三届"海右人才节"青年人才登山活动，让青年人才在最宜人的环境里燃烧卡路里。

"跑马"！ 治愈一切不开心

  "因为一场赛，奔赴一座城"，马拉松比赛可以算得上是城市的超级IP。以2024年济南（泉城）马拉松为例，报名人数近7.7万人，较2023年增长66.7%。2025年6月，2025高校百英里接力赛暨第三届驻济大学生欢乐跑在华山湖畔完美收官，本科以上学历的参赛选手占比高达86%，"高学历马拉松"实至名归。

一座自信的城市，必然有着厚重的文化底蕴。

书香味儿
文华璀璨

2

寻书记

近年来，济南先后获得"全国十大数字阅读城市""中国十大最爱阅读城市"等荣誉称号，书香泉城已然形成。那些或立于街头，或隐于巷尾的书店，将城市的文化馨香展现得淋漓尽致。

▶ 书香泉城：
千年文脉里的精神原乡

泉城书房

泉城书房始建于2018年，主打"小而美、嵌入式、效能高"。在济南街头，有60多家泉城书房悄然开放着，为市民打造城市"15分钟阅读圈"。每家书房都各具特色：明水小站店将火车博物馆内的旧车厢与现代书架巧妙融合，雨滴广场店用钢铁书架呼应工业美学，泉城公园分馆被一片生机盎然的绿色包围……近年来，泉城书房先后获得"全国长三角最美公共阅读空间""山东省全民阅读示范基地"等多项荣誉。

山东省图书馆

山东省图书馆位于历城区二环东路2912号，创建于1909年（清宣统元年），是中国十大图书馆之一。开放各类阅览室、研究室35个以上，读者阅览室座席2000个以上。2023年12月，山东省图书馆被文化和旅游部评为"一级图书馆"；2025年3月，入选文化和旅游部、国家文物局发布的国有公益性收藏单位名单（第一批）。

济南市图书馆

济南市图书馆位于槐荫区腊山河东路与威海路交叉口，是兼具功能与美学的文化地标。建筑外观以地下2层、地上5层的错落结构形成视觉张力，通透的玻璃幕墙与挑空设计让自然光线充盈每个角落。开放式布局打破了传统图书馆的封闭感，最引人注目的当属贯穿7层的阶梯式书墙，上万册藏书如瀑布般倾泻而下。

山东书城

　　山东书城位于市中区胜利大街56号，始建于2012年，是一座有泉城特色的文化地标建筑。书城是以图书为主，集新型书店、教育培训、美术展览、文创产品、咖啡书吧、特色餐饮于一体的"多功能、一站式"大型文化综合体。经常举办新书发布会、读者分享会等各类文化活动。

新华书店（泉城路店）

　　新华书店（泉城路店）位于历下区泉城路185号，紧邻芙蓉街，历经四代变迁，沉淀为济南文化记忆坐标。40年书香流转间，这里从传统书店蜕变为复合型阅读空间，既承载着老城文脉，又滋养着新一代读者的精神成长。温暖的原木书架如年轮般环抱整个空间，图书在光线下舒展身形，经典著作与当季畅销书和谐共处。

阡陌书店

阡陌书店创立于2014年，作为济南本土独立书店的代表，阡陌一直以守护、传承阅读文化和城市原乡精神为己任，积极推广阅读文化及济南本土文化。书店拥有"在这里读懂济南"全系列城市文创生态，凭借对书籍的匠心遴选及独特的济南老商埠风典雅阅读环境，被中宣部评选为"中国最美书店"。目前在百花洲、趵突泉、579百工集等地有多家分店。

藉书园

　　藉书园位于历下区旅游路杰正岭寓广场内。店主基于对周永年"与天下万世共读书"精神的认同，创办了这家书店。书店定位不仅是普通书商，更致力于推广全民阅读、活化传统文化；经常举办读书会、文史讲座等文化活动，体现"共享知识"的核心精神；开放阅览空间，传递"公共阅读"的理念。既是历史文脉的延续，也是现代"书香城市"建设的实践载体。

不贵书店

　　从大明湖南门出发进入县西巷，往巷子深处走，会找到不贵书店。这里的书籍不仅价格亲民，而且都具备高性价比。书店所提供的书籍种类丰富，涵盖了文学、历史、心理学等多个领域。走进书店，四周的书架被精心布置，书籍仿佛在期待着每一个爱书者的到来。

PAGE ONE书店

PAGE ONE书店位于历下区泉城路街道辘轳把子街1号，这里书籍、"谷子"、拍立得、盖章等年轻人喜欢的元素一应俱全。

"PAGE ONE"品牌诞生于新加坡，它看中了济南的温润与底蕴，也钟情于辘轳街老庭院的静谧与沧桑。在这里，除了畅销书籍，还有很多小众好书。咖啡厅弥漫着浓郁的香气，与书香交织在一起；拍立得打卡处，记录着读者与书的美好瞬间；潮玩区的存在为书店增添了几分时尚与活力。

西西弗书店

西西弗书店诞生于1993年，是中国民营书店的先行者与代表品牌之一。这里不仅有精致的阅读空间，还有咖啡的香气、植物的绿意。此外，这里还是多元文化交流空间，读书会、签售会等主题活动吸引着众多爱书人前来参与。目前在和谐广场、万象城等地有多家分店。

文化圈

若要深度领略一座城市的文脉气韵，不妨走进它的博物馆、美术馆、剧院，乃至那些承载着岁月回响的古老戏楼。济南的"文艺范儿"，等你来探索。

山东博物馆

山东博物馆位于历下区经十路11899号，总建筑面积12.8万平方米，拥有展厅23个，展陈面积2.5万平方米，是全省文物的收藏中心和展览中心，拥有各类藏品40余万件。藏品以富有地方区域特色的历史、自然、艺术类藏品为主，其中，陶瓷器、青铜器、甲骨文、陶文、封泥、玺印、简牍、汉画像石、服饰、书画、古籍善本、革命文物等收藏尤为丰富。2012年，山东博物馆被评为国家一级博物馆。2024年，入选中央地方共建国家级重点博物馆。此外，山东博物馆是全国爱国主义教育示范基地、全国人文社会科学普及基地。

山东省会大剧院

　　山东省会大剧院位于槐荫区腊山河东路与日照路交叉口路西，由法国剧院设计师保罗·安德鲁主持设计，总建筑面积约13.6万平方米，被评为"中国十大剧院"之一。每年开设近200场高品质演出，其中不乏舞剧《红楼梦》、昆曲《牡丹亭》、话剧《惊梦》、音乐剧《粉丝来信》、原创音乐剧《赵氏孤儿》、红色舞剧《永不消逝的电波》、舞蹈诗剧《只此青绿》、舞剧《五星出东方》等全国知名演出剧目，更有众多自带流量的IP大剧亮相舞台。

山东美术馆

　　山东美术馆位于历下区经十路11777号，以先进的功能设施、高雅的艺术品位、优美的建筑形象、鲜明的建筑个性、独特的文化内涵，成为凸显山东文化特色、富有时代气息的文化地标。它是集收藏、研究、展陈、教育、交流、服务于一体，学术、教育和休闲功能并重的现代美术馆。

山东省科技馆

　　山东省科技馆新馆位于槐荫区西客站片区，总建筑面积8万平方米，分为地上4层、地下1层。新馆主体建筑突出了完整、唯美的几何形象，将数学符号"∞"嵌入形体，隐喻无限未知、无限发展、无限可能、科技无限。省科技馆展览教育区总面积4万余平方米，主要包括常设展厅、儿童展厅、山东科技发展成就展厅、室内外公共空间、智慧科技馆、科普影视区、专题展厅等区域，创新性地加入了沉浸式多媒体空间、3D打印、VR演示等最新展示技术。

济南市科技馆

　　济南市科技馆目前有2处，济南市科技馆（二七展区）位于英雄山路53号，总建筑面积850平方米；济南市科技馆（历下展区）位于历下区兴港路1155号文体中心大楼内，总建筑面积10400平方米，场馆以"体验·探索"为主题，设置"科学启蒙""科学体验""科学发现""科学探究"4个展厅，布设展品160余套（件）。可举办科普展览、科技交流、科技培训等科学普及活动，或面向中小学生的科技教育赛事等。

济南市美术馆

    济南市美术馆位于槐荫区腊山河西路与威海路交叉口，馆内有地下1层，地上4层，共8个展厅。主展厅高11米，相当于3层楼的高度，可展示巨幅画作；2楼3号展厅安装了产自德国的恒温恒湿设备，有效满足了世界名画展览所需的温度和湿度要求；4楼开设艺术沙龙，满足艺术家艺术品收藏、展示和学术交流的需求。

济南韩美林艺术馆

    济南韩美林艺术馆位于历下区南门大街1号，建筑面积约13300平方米，是全国范围内建成的第五座韩美林艺术馆。艺术馆的展区分为序厅、文献展厅、雕塑展厅、绘画展厅、书法展厅、设计展厅等10个展厅，收藏了韩美林先生捐赠的书法、绘画、雕塑、铁艺、陶瓷、紫砂、印染等不同门类的艺术作品1200余件。

曲山艺海博物馆 百年曲韵流转 一城艺魂不灭

曲山艺海博物馆位于市中区民康街26号，是济南近代建筑中保存最完整的一处四合楼式建筑。展览由"曲山艺海古溯源""南腔北调聚大观""说书唱戏汇泉城""艺海玉振启后人"四部分组成，通过文字图片展板、微缩模型等展示手段，以曲艺地域史发展为主线，充分阐释了济南曲艺历史的渊源脉络、沿革变迁。

北洋大戏院

北洋大戏院始建于1905年，位于市中区通惠街1号，是济南市最早的戏剧演出场所，也是山东省历史最悠久且至今仍在使用的专业戏剧演出场所。著名表演艺术家程砚秋、尚小云、荀慧生等，都曾在北洋大戏院演出。该戏院在海内外梨园界和广大戏迷中享有较高声誉，至今仍是戏迷票友聚集的场所。

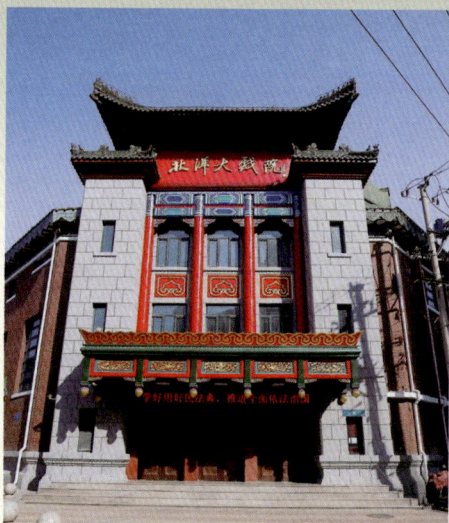

小广寒电影博物馆

　　小广寒电影博物馆位于市中区经三路48号，前身为小广寒电影院，是济南自开商埠时期最早的一家专业电影院，始建于1904年，目前已被改造成济南市小广寒博物馆和电影艺术餐厅。博物馆共有10个展区，收藏和陈列着世界各地的胶片电影摄影机和放映机、电影海报及经典电影道具等展品，为人们讲述着过去的光影传奇。

胶济铁路博物馆

胶济铁路博物馆位于天桥区经一路30-1号，是在原胶济铁路济南站旧址上修建的，反映胶济铁路诞生发展的专题性展馆。展馆面积约3000平方米，共8个展区，陈列展品759件、照片1314幅，系统地介绍了胶济铁路的发展历程，展示了中国铁路的艰难起步和百折不挠的进取精神。

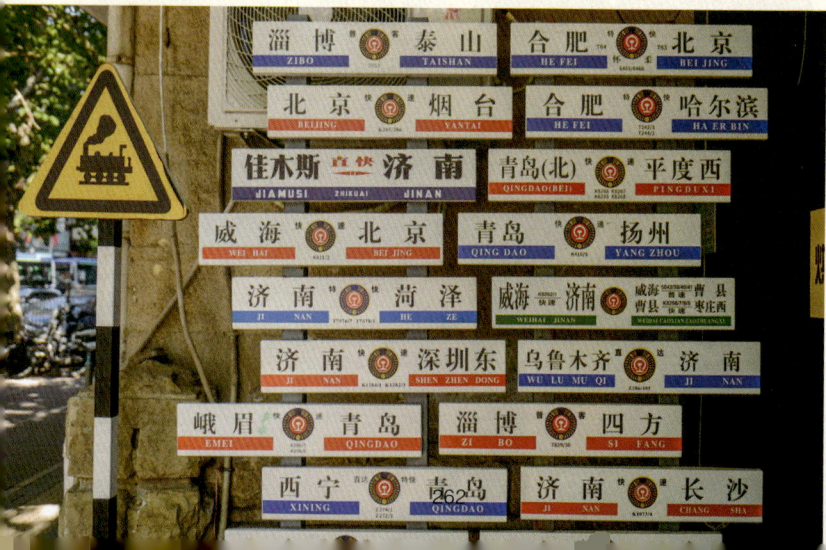

济南开埠博物馆
时光宝盒里的老城浪漫

　　济南开埠博物馆坐落于中山公园北门西侧，总建筑面积约3700平方米，它不仅仅是一座以"自主开埠"为主题的博物馆，更是一部动人心魄的立体史书，镌刻着济南从传统老商埠到现代都市的蜕变之路。场馆设立了自开商埠、新城崛起、商埠百业、商埠生活、新生力量、振兴开放六大板块，其中老济南照片、商埠地图、老报纸、旧纸钞等展品，全面再现了济南自开商埠以来的商贸繁荣与社会变迁。值得一提的是，其中的《济南商埠界线全图》，不仅是一张孤品地图，也是迄今为止最早的济南商埠蓝图，堪称"镇馆之宝"。

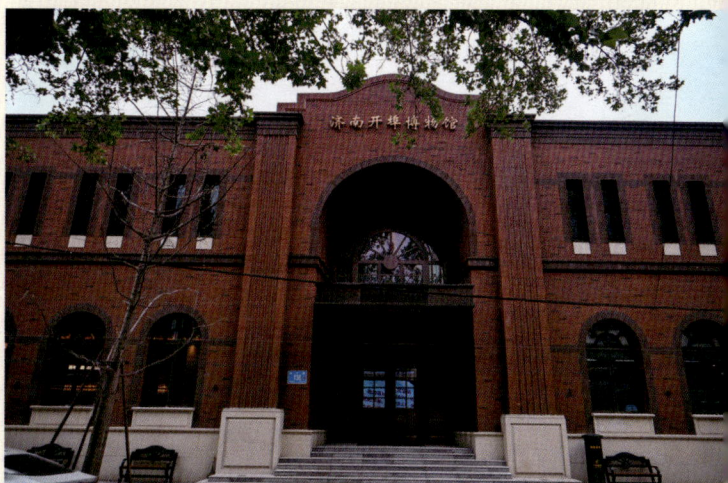

江湖艺社   听一场嘴上书 品一次人生味

　　江湖艺社位于市中区经三纬四融汇老商埠，剧场以传承"老味相声"为核心，融合快板、评书等北方曲艺形式，打造兼具传统韵味与市井活力的文化空间，可容纳百余人观演。班主王超先生是地地道道的济南人，十几年如一日地致力于民俗文化的推广发扬。在江湖艺社，处处都是文化老腔调，环境雅致，票价亲民，观众观演、品茶两不误，一览曲艺盛宴。

开心麻花剧场

　　开心麻花剧场位于高新区舜华南路2050号文化中心一楼，是山东首家开心麻花签约院线剧场。该剧场占地面积1700平方米，设有598个观众席位。在这里，麻花原创经典剧目先睹为快，高品质脱口秀、音乐会、儿童剧等演出欢笑不断，还有表演工作坊、剧场游学、剧场开放日等主题活动……剧场秉承"欢乐、创意、减压、惠民"的宗旨，引领城市时尚欢乐新风尚。

"非遗"韵

在非遗传承保护与创新发展的时代命题下，济南的非遗传承者们以巧思妙手破解传承密码，为传统文化注入澎湃的当代生命力。

济南皮影戏　　▶光与影的"生命绽放"

济南皮影戏表演声情并茂，由一人负责操作和说唱，一人负责伴奏。演唱初期采用和尚劝善念经的唱腔，后又在此基础上吸收五音戏、西河大鼓、山东琴书等戏曲音乐，形成了清新流畅的曲调。济南皮影戏虽然只有80多年的历史，但其表演形式和艺术风格影响广远，具有独特的艺术史和地域文化研究价值。

济南吕剧

清泉石上流 吕音云间绕

　　济南吕剧原名坐腔扬琴、化妆扬琴，系在山东琴书基础上吸收民间花鼓、小曲、腔等发展演变而成，角色以小生、小旦、小丑这"三小"为主，唱词和道白亦多取自民间用语，主要伴奏乐器为坠胡、二胡、三弦。济南吕剧唱腔音乐系由民间俗曲演化而来，属于典型的板腔体结构，由四平、二板等调式和部分曲牌构成，曲调简单朴实，易学易唱，洋溢着浓郁的生活气息和地方特色。

莱芜梆子

　　莱芜梆子是山东一种古老的地方剧种，它发源于泰沂山区，流行于鲁中、鲁东广大地区，至今已有200多年的历史。莱芜梆子的唱腔音乐属板腔体，主要板式可分为慢板、流水板、梆子戏、散板四类，此外还有曲牌100多个，内容十分丰富。莱芜梆子的剧目资源丰富，共有演出剧目479种。

商河鼓子秧歌

舞出民俗活力 击出奋进豪情

商河鼓子秧歌源于北宋，成于明，盛于清。在商河民间，上至老者下至少儿都爱学会跳。秧歌队伍中有伞头、鼓子、棒槌、腊花、丑角五种角色，表演风格迥异，韵味独特。现存鼓子秧歌主要分为"行程"和"跑场"两部分，"行程"是舞队在行进或进入场地前的舞蹈；"跑场"是表演的主体，又分不同角色表演的"文场"和"武场"。

济阳鼓子秧歌

济阳鼓子秧歌相传兴起于明朝永乐年间，清朝年间已普及，表演形式分为"街筒子"和"跑场子"两种。"街筒子"是秧歌队走街串巷在行进中表演，前面是鼓队，后面是秧歌队。秧歌队分为3路和5路纵队，伞在中间成一单行纵队，两侧为鼓、棒、花相间的2纵队或4纵队。在"街筒子"的表演中既有集体舞，又有交叉于其中的对舞，所有变化都以伞为中心。

花鞭鼓舞

花鞭鼓舞在商河县张坊镇一带大为盛行，表演使用的是一般的腰鼓，同时以小锣、小镲伴奏。舞者头系白毛巾，身着短衣，左胁下斜挎腰鼓，双手各持一鞭。表演时两条鞭上下翻飞，甩至背后，在胸前和胯下准确地击打鼓面，鞭飞鼓鸣，引人入胜。表演时花鞭似金蛇狂舞，鼓声像战马奔腾，令人眼花缭乱、精神振奋。

章丘芯子

章丘芯子是一种特殊的民俗表演形式，起源于明代，流传于章丘各地。起初人们为了驱逐邪魔祈求吉祥，将男女儿童装扮成神话中的天神形象，在扎制的平台或方桌上移动，后逐渐演化成一种表演形式。经过几代民间艺人的创造革新，章丘芯子在人物造型、制作工艺、演出内容、表演技巧等方面日趋丰富完善。表演内容多取材于传统戏曲或神话故事，按人物的多少和造型、表演方式的不同，又分为桌芯子、转芯子、单杆芯子、扛芯子、车芯子等。

东阿阿胶制作技艺

平阴县东阿镇是阿胶的发源地和主产区，阿胶生产已有2000余年的历史，是国家命名的"中国阿胶之乡"、福牌阿胶的原产地保护区及唯一生产地。东阿阿胶传统工艺包括整皮、化皮、熬汁等50多道工序，全为手工操作，尤以熬胶、晾胶最为复杂，其间挂珠、砸油、吊猴等环节最显功力，操作六七年始摸窍门。

济南面塑

面塑艺术以面粉、糯米粉为原料，加入色膏、防腐用品、蜂蜜、甘油等原材料，借助拨子、滚钗、切刀等工具，采用手工搓条、拨花、展片、压滚珠、搓花条等造型技巧来塑造形象。济南面塑工艺为"一印、二捏、三镶、四滚"，还有"文的胸、武的肚、老人的脊背、美女的腰"，题材分为"花供"和人物故事两大类。2009年，济南面塑入选山东省第二批省级非遗代表性项目名录。

龙山黑陶制作技艺

　　龙山黑陶是龙山文化的代表性器物，黑如漆、亮如镜，距今已有4600多年的历史。黑陶的造型千姿百态，但都端庄优美，质感细腻润泽，具有一种如珍珠般的柔雅、沉静之美，欣赏价值极高。龙山黑陶制作技艺现为省级非遗代表性项目。

章丘铁锅锻打工艺　　锻打三万六千锤 勺底铮明颜色白

　　章丘铁锅锻打工艺起源于清末，是"打座炉"的典型代表。章丘铁锅底厚边薄，不粘锅、不糊锅，仅锻打铁锅的各种锤子就需要18种以上。制作一口铁锅需要经过开铁、下料、圈把、打底子、槽勺、拿弯、溜火、扣铁皮、冷锻等12道工序、18遍火候、36000锤冷锻打，对手工匠人的技艺要求极高。2021年，章丘锅锻打技艺入选山东省第五批省级非遗代表性项目名录。

泥塑兔子王

泥塑兔子王是以济南黄河细泥土"干子土"为原料制胎，施以彩绘、牵以丝线，呈现出玉兔捣药的动态。清末及民国时期，济南人敬拜月神都会摆上兔子王以及水果点心。兔子王有十几个品种，加工有16道工序，尺寸从十几厘米至80厘米不等。从姿势上分有坐兔王、站兔王，从性别上分有兔子王和兔奶奶，从衣着坐骑上分有大红袍、大坐虎、中座虎、小坐虎、小坐墩、兔王坐元宝……2016年，泥塑兔子王入选山东省第四批省级非遗代表性项目名录。

双泉糖画

双泉糖画于19世纪末兴起于长清区，经熬糖、绘制图案、冷却定型等多道工序制作而成。选择优质麦芽，熬制麦芽糖，熬至金黄色后冷却成糖块，再进行二次熬制，达到需要的浓度后，开始绘制糖画作品。绘制者按照构思的图形，严格掌握糖温，在半分钟内一次成型。双泉糖画现为市级非物质文化遗产项目。

Citywalk就是一个人与一座城浪漫的约会。除了赏泉，济南的市井气息也值得慢慢品味。无需远行，去到一条熟悉的街道，从前匆匆而过的建筑，在漫步中也会变成需要细细辨识的风景。

3

市井味儿
街巷鼎沸

"曲水"现人家

从泉城路拐进西更道，再漫步到曲水亭街和百花洲，小桥流水人家的景致让人仿佛穿越回了老济南。青石板路、粉墙黛瓦，随便一拍都是文艺大片。

💛 古城漫游，Lian上济南这座城

曲水亭街

曲水亭街位于历下区大明湖街道，曾是文人荟萃之处。古时，每年农历三月三，文人墨客相聚于河畔，在上游将酒杯放置托盘中顺流而下，停在谁的面前，谁便要饮酒赋诗，王羲之的《兰亭集序》中所言"引以为流觞曲水"就是如此，曲水亭街也因此得名。

百花洲

百花洲，又名百花汀，位于历下区曲水亭街东侧。岸边弱柳临风，娇柔婀娜，水中碧莲映日，红荷争艳。珍珠泉泉群距此不足300米，泉群之水，经过曲折的玉带河，轻柔地流入百花洲，再穿过鹊华桥潺潺流进大明湖，是济南"家家泉水、户户垂杨"韵味的集中承载地段。

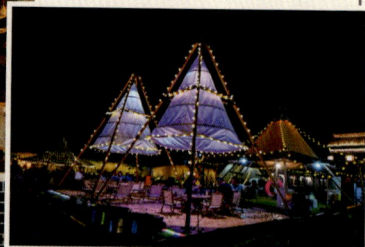

街巷有传说

　　济南这座城，总会有几处街巷，足以使我们停留品味时光。它是有形有色的，它是文艺的、激情的、震撼的、诗意的、浪漫的、高雅的……

西更道街

　　西更道街位于历下区明府城片区，南至泉城路，北接曲水亭街，总长400多米，串联了王府池子、百花洲等知名景点，东与珍珠泉大院一墙之隔。西更道街两侧的墙面上，开了几扇大窗户，隔着雕花的窗棂、透明的玻璃，珍珠泉畔、昔日"王府花园"的美好景象呈现在路人眼前。竹林、清泉、锦鲤、树影，以及如织的游人，构成了一幅幅流动着的美丽画卷。

王府池子街

王府池子街位于历下区，东起西更道街，西连芙蓉街，北抵起凤桥街，南接平泉胡同，因王府池子（濯缨泉）得名。王府池子街原名魏家胡同，20世纪30年代初，街南段改名为王府池子街，1965年两街合并，统称王府池子街。街北头有腾蛟泉，南有王府池子（濯缨泉），二者均在济南"七十二名泉"之列。

这一带街道纵横，是领略济南老街巷风情的极佳去处。在王府池子（濯缨泉）北岸，有一片绿树掩映的四合院群，那便是张家大院，距今已有300多年历史。张家大院原为五进院落，格局宏伟，建有房屋50余间，是典型的山东传统民居。如今的张家大院仍然有人居住，生动地反映着人们的生活方式与历史文化的交融，也展现着济南深厚的文化底蕴与独特的街巷魅力。

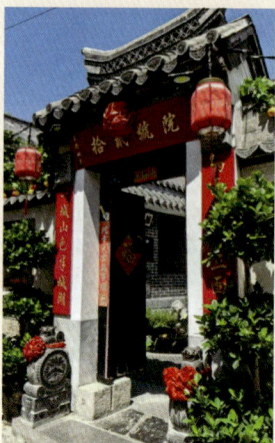

鞭指巷

鞭指巷位于泉城路路北，东西宽5米左右，南北长350余米，是躲在繁华泉城路"腋下"的一条小巷。当年，乾隆南游济南府，突然停马驻巷鞭指南北，近臣刘墉机智献名"鞭指巷"。巷中的状元府是济南老城里一处遗存较好、独具特色的古建筑，它恢宏肃穆，气度非凡，为老济南四合院布局，已被纳入济南历史建筑名录。

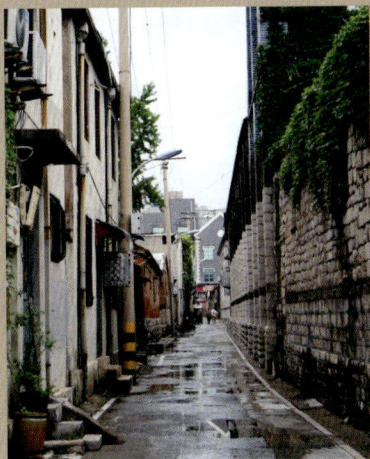

高都司巷

济南最早的金融交易市场

位于历下区泉城路西段路北的高都司巷，是一条南北走向的老街。"都司"指的是明代地方最高的军事机构"都指挥使司"，而高都司巷相传是因一位姓高的都指挥使在这里居住而得名。清朝的高都司巷可以说是"金融一条街"，道光年间在这里设立了福德会馆的很多银号。1906年，在此设立的"礼和洋行济南分行"，是历史上外商在济南设立的第一所洋行。

2002年10月，济南对高都司巷进行抢救性考古发掘时发现，这里出土的古井、古道、陶罐、瓷器等文物，几乎涉及从战国到明清的每一个朝代，证明一直有先民在此生活。因此有一种说法：高都司巷出土的文物就是"整个一部济南编年史"。

起凤桥街

　　起凤桥街位于历下区，东起西更道，西至芙蓉街。清顺治年间，此处曾建有一座"腾蛟起凤"牌坊。此街因与文庙相邻，是古代赶考的秀才前来祭拜孔子的必经之路，故取"腾蛟起凤，孟学士之词宗"的美好寓意。后来，人们依照石坊上的文字，分别将石坊两旁的两座泉池命名为"腾蛟"和"起凤"，并在坊畔建一石板平桥，起名"起凤桥"。

后宰门街

后宰门街，济南的"丽江古城"

　　后宰门街位于历下区，是一条商居混杂又颇具文化内涵的老街。后宰门街历史悠久，明清以来主要作为商业街。其中既有小旅馆、小饭铺、小杂货店，也有如九华楼饭庄、同元楼饭庄、远兴斋酱园和庆育药店等闻名遐迩的老字号。如今的后宰门街各种餐厅、酒吧汇聚，非遗展馆并存，是一处将传统与时尚融会贯通的自由之地。

上新街

上新街位于市中区，形成于民国初年，北起泺源大街，南接文化西路，占地约16.3公顷，南高北低，自北而南行，有步步高升之意，故称"上新街"。1910年，齐鲁大学建成后，地方政府在古城墙开辟"新建门"，上新街成为连接古城与大学的要道。片区拥有济南万字会旧址等6处文物保护单位，沙家公馆、田家大院等10处历史建筑，以及老舍故居、方荣翔故居等12处名人故居、22处特色民居院落。

淘宝捡个漏儿

来这儿逛逛，那是很有文化的；

吟诗作赋是文化，花鸟鱼虫也是文化。

济南泺口服装城

济南泺口服装城创建于1989年，位于天桥区济泺路68号，是集服装商贸、餐饮、办公、会展为一体的现代化商贸综合体，总经营面积超50万平方米，是山东省规模最大的服装集散中心，拥有5000余家商户。近年来，通过举办济南时装周、时尚消费节等活动，打造设计、生产、研发、销售全产业链生态体系，获评"全国商业特色商圈示范工程""中国商品市场百强""中国服装品牌孵化基地"等荣誉称号。

英雄山文化市场

英雄山文化市场位于松柏翠绿的英雄山北麓，占地面积约19000平方米。这座有着33年历史的文玩市场凭借浓郁的文化氛围和丰富的商品种类，成为市民游客的热门打卡地。市场内近千个摊位琳琅满目，从文玩玉器、红色收藏，到旧书古籍、文创手作，吸引了不同年龄段的游客驻足挑选。

山东手造展示体验中心

　　山东手造展示体验中心位于历下区泉城路核心商圈，西邻省府前街，南接泉城路，集山东手造精品展示交易、互动体验、场景消费、活动展演、文化体验、手造研学、休闲娱乐为一体，构建起"山东手造"的网红打卡地、城市会客厅、国潮先锋地和先行展示区。

西市场

　　西市场位于槐荫区经一路298号，是济南最大的小商品集散地，堪称购物者的天堂。这里商品琳琅满目，无论你是高消费群体还是普通百姓，都能在这里找到心仪之物。近年来，市场经过装修，购物环境焕然一新，但价格依旧亲民。而且，这里还是本地人私藏的美食宝藏地。

环联小商品批发市场

　　环联小商品批发市场位于历城区二环东路与花园路交叉口，是济南东部地区货品最全的小商品市场。这里销售生活用品、大小杂货物件、服装鞋帽、家电五金等。总之，来这里淘宝是你的不二之选。

新世界商城

　　新世界商城位于市中区马鞍山路15号，存在了30多年，也算是一个老商城了。该商城经营的产品种类很多，如日用百货、家具、家居、古董、字画等，是一家综合性的商城。这里的商品价格实惠，非常适合没事来淘淘宝。

"中山书苑"旧书市场

　　来到经三纬五路的中山公园，进入东北角的"中山书苑"，仿佛踏入了一个时光隧道。书架上摆满了各式各样的旧书，它们或泛黄或破损，但每一本都承载着那个时代的记忆与故事。还有胶卷照相机、影碟机、磁带等曾经风靡一时的"时髦货"，你可以在已经消失在日常生活中的老物件中，找到属于自己的旧时光。

山东通讯城

　　山东通讯城创建于2008年，位于天桥区济泺路92号，总建筑面积10万平方米，拥有经营商户上千家，注册公司500余家，孵化26家规模以上企业。被授予"2022年山东省商品市场转型升级十大示范基地""中国电子专业市场行业20年旗舰市场"等荣誉。

金牛建材家居博览中心

　　金牛建材家居博览中心始建于1992年，总建筑面积29.7万平方米，入驻知名品牌300余个，其中旗舰店及总代理商60余家，涵盖瓷砖、卫浴、全屋定制等全品类。

假如你来济南，
不仅可以满足味蕾的享受，
更能感受到济南人对生活的热爱与追求。

4

烟火味儿
食味人间

逛吃

市场里的喧闹声，像永不落幕的沸腾人生。铁板鱿鱼滋滋作响，烤串在炭火上跳起探戈，炒酸奶裹着水果，像凝固的银河……

好吃你就多吃点，不好吃也要多少吃点……

芙蓉街

人间烟火气
最抚凡人心

芙蓉街位于历下区泉城路中段路北，老街只有400多米长，却有着200多家商户。位置非常便利，一头连着百花洲和曲水亭街，一头连着泉城路的各大商场，这里也是老济南的标志性街巷之一。巷子里的店铺鳞次栉比，路上游人如织，商贩沿街叫卖，充满了热闹的烟火气和生机勃勃的商业活力。

环联1904火车夜市

一座城市好不好吃，来夜市就能知道

环联夜市位于历城区祝舜路，它可是济南夜市界的"扛把子"！环联夜市占地面积超7万平方米，内有4条主美食街、2000多个摊位。在灯火通明的环联夜市，汇聚着来自全国各地的特色美食，糯叽叽的梅花糕、个头大到离谱的开花鸡腿、Q弹入味的鸡丝酸辣粉、多种口味的云朵舒芙蕾，还有沈阳铁板鸡架、郓城牛肉壮馍、老北京爆肚、东北锅包肉、长沙臭豆腐等数百种经典小吃，到一次环联夜市，便可一次性吃遍全国各地美食。

宽厚里

　　宽厚里是一处集文化、旅游、休闲、餐饮、购物于一体的特色街区，位于历下区黑虎泉西路以北、泉城路世贸广场以南的区域。宽厚里的名字源于明代"宽厚所街"，这片区域原是老城民居与商铺聚集地，有着"两家争斗为一墙，让他五尺又何妨"的宽厚文化。主街是一条东西向的老街，全长约400米。沿街建筑青砖灰瓦、飞檐斗拱，与潮流开放的商业氛围交相辉映，呈现出时尚与古朴的碰撞、历史与现代的交织，成为济南人浪漫生活的诗意表达。

北坦美食街

　　北坦美食街位于天桥区，汇集了净香园香肠、荣氏栗子、秦记酥菜等老字号名吃，形成独具特色的"北坦味道"。自2011年起，北坦美食街连续举办16届美食文化节，将传统美食与面塑、剪纸等非遗技艺深度融合，打造"尝美食、游古街、品文化"体验，成功塑造泉城美食文化品牌，成为展示老济南风韵的重要窗口和民生经济示范区。

民族大街市场

　　民族大街市场位于市中区经八路和民族大街交叉口。穿过标志性的红色门楼，各色小吃摊便会映入眼帘。一大早，热爱生活的济南"老师儿"就会拎着菜篮子，来这里淘些新鲜的食材；附近的学生、上班族也经常光顾在这开了10多年的老店，这些店铺不仅价格公道，更是人情味儿十足。民族大街虽不长，却没有人能空着手走出来，因为闻着两旁四溢的香味儿，总能遇见满足味蕾的惊喜。

千佛山庙会

　　千佛山庙会，也称千佛山山会，自元代开始，于每年春季的上巳节和秋季的重阳节期间举行。

　　著名国学大师季羡林曾回忆他少年时期见到的重阳节庙会："每年，进入夏历九月不久，就有从全省一些地方，甚至全国一些地方来的艺人会聚此地，有马戏团、杂技团、地方剧团、变戏法的、练武术的、说山东快书的……反正白天看上去，方圆几十里，颇有点动人的气势。再加上临时赶来的卖米粉、炸丸子和豆腐脑等的担子，卖花生和糖果的摊子，特别显眼的柿子摊——柿子是南山特产，个大色黄，非常吸引人，这一切混合起来，形成了一种人声嘈杂、歌吹沸天的气势，仿佛能南摇千佛山、北震大明湖、声撼济南城了。"

干饭

鲁菜案板上的刀光剑影，胡同里飘出的百年油香，

在爆炒声与泉水叮咚中，遇见济南的舌尖江湖。

糖醋黄河鲤鱼

　　糖醋黄河鲤鱼是济南的传统名菜，菜品烹饪所采用的是黄河鲤鱼。先将黄河鲤鱼炸至头尾翘起，再用老醋加糖制成糖醋汁，最后将糖醋汁浇在鱼身上。《济南府志》上早有"黄河之鲤，南阳之蟹，且入食谱"的记载。

爆炒腰花

　　爆炒腰花是山东省特色传统名菜，是以猪腰为主料的家常菜，属鲁菜系。制作时以猪腰、荸荠等为主料，采用麦穗刀工法处理猪腰，焯水后高温爆炒，成品鲜嫩，味道醇厚，滑润不腻。

葱烧海参

葱烧海参是鲁菜代表菜之一，以水发海参和大葱为主料。海参清鲜，滋肺补肾，葱段香浓，食后无余汁，是"古今八珍"之一，明清时期已成为宫廷御膳贡品。2018年，"中国菜"正式发布，葱烧海参被评为"山东十大经典名菜"。

九转大肠

九转大肠始名为"红烧大肠"，清朝光绪初年，由济南九华林酒楼店主首创。许多名人在该店设宴时均备"红烧大肠"一菜。一些文人雅士食后，感到此菜确实与众不同，别有滋味，为取悦店家喜"九"之好，并称赞厨师制作此菜像"九炼金丹"一样精工细作，便将其更名为"九转大肠"。此菜是传统鲁菜的一大代表，入选"山东十大经典名菜"。

四喜丸子

四喜丸子是中国经典名菜之一，属于鲁菜系。从外形上来看，四喜丸子由4个色、香、味俱佳的肉丸儿组成。从口感上来说，四喜丸子鲜咸酥嫩，芡汁清亮。从名字上来看，四喜丸子也有讲究。这道菜中的"四喜"寓人生福、禄、寿、喜4大喜事。

奶汤蒲菜

奶汤蒲菜素有"济南汤菜之冠"的美誉。它是以大明湖出产的蒲菜为主料，加以奶汤烹制而成的。成菜脆嫩鲜香，入口清淡，是高档宴席之上乘汤菜。《济南快览》说："大明湖之蒲菜，其形似茭白，其味似笋，遍植湖中，为北方数省植物菜类之珍品。"

雪野鱼头汤

雪野鱼头汤是雪野湖美食一绝，食客间有"不吃花鲢头，枉来雪野游"一说。雪野鱼头汤是用雪野湖产的花鲢鱼头做成，以个大、体肥、无腥著称。配以独特的佐料，清冽甘甜的山泉水，以果木火慢炖慢熬而成，鱼头肉质鲜嫩，汤汁浓郁。除了鱼头，鱼身可以切片做成炸鱼，鱼尾则可以红烧、清蒸或剁椒。

莱芜炒鸡

莱芜炒鸡是莱芜传统名菜，属于鲁菜系。莱芜炒鸡分两大"门派"——干炒法的棋山炒鸡和炖炒法的夹岭炒鸡。其中棋山炒鸡采用散养的优质黑公鸡为原料，鸡块色泽红润，吃起来干香耐嚼，每一口都充满嚼劲，是近年来风靡莱芜的名吃。

★ **推荐传统鲁菜餐厅**

魁盛居、燕喜堂、梅飞酒家、汇泉楼饭庄、柳荷居、四季明湖、会仙楼饭庄、箪食巷私房菜馆、文升园鲁菜馆、春江饭店、福利来酒店、老董家菜馆。

名食

　　若说鲁菜大筵是端坐明湖畔的大家闺秀，那散落在民间的名食，便是趵突泉边嬉闹的垂髫稚子，无需雕栏玉砌的摆盘，却将鲁地千年的炊烟揉进了每道佳肴褶皱里。

老济南把子肉

　　说起把子肉，那可是老济南人的"心头肉"，一提起来就让人嘴角上扬，幸福感溢于言表。老济南把子肉只用五花肉来做，肉的大小也有规矩，一斤肥瘦相当的五花肉被切成数块，再用麻绳捆成一把，浸在酱汤中猛火开锅、文火慢炖，这样做出来的肉质口感绝佳。一口咬下去，猪肉皮紧实弹牙，脂肪层肥而不腻，瘦肉部精而不柴，再搭配上一碗浇了肉汤的大米干饭，简直是味蕾和心灵的双重享受。济南的把子肉品牌非常多，武岳庙、刘小忙、咱家王新国、老济南药膳把子肉都是不错的选择。

油旋

　　油旋是济南的特色传统名吃，其制作技艺于2009年被列入山东省第二批省级非遗名录。油旋外皮酥脆，内瓤软嫩，因其中心向上凸起、形似螺旋而得名，表面油润呈金黄色。济南人吃油旋多是趁热吃，若是早餐，再配一碗鸡丝馄饨，可谓物美价廉，妙不可言。位于大观园东北门位置的"油旋张"，是一家制作油旋的老字号店铺，国学大师季羡林曾为其亲笔题词"软酥香，油旋张"。这家店铺的门头虽小，但油旋口味正宗地道，十分推荐品尝。

油酥香
旋馋张

国学大师季羡林题字

一串烤肉🔥半城烟火
济南烧烤

　　烧烤，是济南夏夜的灵魂。如今在全国很多地方都能见到的"一九烧烤"，正是源自济南。"一"是指济南的经一路，"九"是指济南的纬九路。20世纪八九十年代，"经一纬九"是济南烧烤的代名词。炭火一燃，铁签子翻飞，蒜香混着辣椒面直往鼻子里钻。这种原始而粗粝的烟火气，构成了老济南烧烤的底色。

　　炉火升腾处，有酒有肉，更有流淌的故事。烧烤摊前，好友欢聚、同事叙谊、情侣约会、家人笑谈，人们在大快朵颐的同时，驱散一天的疲惫与琐碎。齿间是孜然的辛香、辣椒的火热、羊肉的肥美；细细品咂的，是市井的喧嚣、奋斗的酣畅、相聚的欢愉。

　　正如宝林烧烤创始人李俊凯所说："我们烤的是肉，更是济南人的情怀；卖的是串，更是这座城市的烟火气。"如今的济南烧烤环境升级、菜品花样翻新，但始终坚守着"肉串本味"的初心。也正是这种坚持，让济南烧烤在网红浪潮中保持着定力，让济南不愧"串都"之名。每一串滋滋作响的烤肉，都是城市跳动的脉搏；炉火旁翻滚的不止是滋滋肉串，更是济南人滚烫的生活！

牛窝骨（穆彤斋）　有骨有肉就是香

老汤酱制
匠心传承

牛窝骨，又称牛膝骨，选自牛膝盖的位置，一头牛仅有两块膝骨，食材珍贵稀有。穆彤斋的牛窝骨精选鲁西南小黄牛，文火慢炖逼出牛骨的胶原蛋白，体现食材本身的原汁原味。总店位于槐荫区经十西路上的古城村。来济南，甩开膀子大口啃骨头、大口喝酒，生活总需要多一分热爱。

莱芜羊汤

莱芜羊汤选用莱芜山区放养山羊，采用独特配方，全羊煮制而成。羊肉汤原汁原味、水脂交融、汤清肉嫩、鲜味爽口、开胃健脾。吃在口中，鲜而不膻、不腥，香而不腻，烂而不糊，有温中散寒、强筋壮骨、健脾养胃、滋阴壮阳、养颜美容、延缓衰老等作用。

莱芜火烧

莱芜火烧又称莱芜吊炉烧饼，是济南著名特产美食。整体呈椭圆形，外表金黄，上层撒一层薄薄的芝麻，薄且香脆，下层软中带脆。制作需要使用特殊的烤具，期间还要不停地翻面，刚出锅的最好吃，酥脆的口感加上椒盐的味道，绝了。

白斩鸡、蟹肉包（一户侯）

"一户侯白斩鸡"位于历下区文化西路，这家店已经开了20多个年头。曾获"山东名优小吃"荣誉的白斩鸡，是它的招牌美食。而店里的蟹肉包皮薄白净，蟹肉鲜香，也同样值得一试。

济南酥锅

酥锅盛行于济南乃至鲁中地区，是家家户户必备的过年菜。济南酥锅以肘子骨、鲅鱼、藕、海带、豆腐、大白菜等原料炖煮，口味甜酸，入口即化，十分开胃下饭。

济南小龙虾（泺水居）

潮流更迭，小龙虾在夜宵界的"霸主"地位却始终不变，一份麻辣鲜香的小龙虾，是济南人炎热夏夜的标配。对于小龙虾爱好者来说，位于历下区荆山东路的泺水居龙虾坊是个不能错过的选择。店内环境干净整洁，龙虾个大肉肥、鲜嫩入味，火候也恰到好处，吃上一口就令人上头。

旺旺大梁骨

大梁骨，俗称"羊蝎子"，是槐荫区的特色美食，旺旺饭店就是其中的代表。这家店位于槐荫区的烟台路上，店家精选食材，经过多道工序处理，再用秘制调料慢炖数小时，把每块大梁骨都炖得鲜嫩入味。把肉啃干净了，可千万别忘了嘬骨髓，这是吃大梁骨的精髓所在，最后还要吮吮手指才完美。

黄家烤肉

黄家烤肉是济南名吃，起源于明末清初，距今已有300年历史，以整猪烤制、皮黄、酥脆爽口、肥而不腻、久放长存而闻名。相传"瑞蚨祥"的创始人孟洛川将黄家烤肉带入皇宫，慈禧太后品尝后，顿觉此肉异香别具，从此一尝难忘。

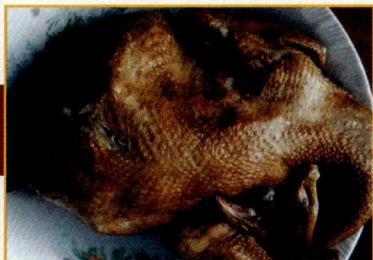

蒿家扒鸡

蒿家扒鸡是济南老字号熟食品牌，选用半年以内的童子鸡，采用30种香料配方，经8小时焖煮制成，肉质鲜嫩、肉烂不散、色泽金黄、香而不腻。

孟家扒蹄

孟家扒蹄又叫"罐儿蹄"，源于五龙潭公园西南侧的"文升园"，后经改良创新，逐渐发展成现在的孟家扒蹄。整个扒蹄色泽细腻而红润，肉烂脱骨而皮整，吃上一口酱香绵烂。

便宜坊锅贴

锅贴早在清朝初年就已成为济南人喜爱的一种传统食品。老济南传统锅贴，色泽黄白相间，底部酥脆、周边稍软、皮薄馅大。便宜坊始创于1933年，锅贴皮薄、馅多，有三鲜馅、猪肉馅、素馅等多种馅料，并配有时令蔬菜，如春天配以韭菜，夏天配以蒲菜。

通勤路上
食力满满

草包包子

　　草包包子始创于20世纪30年代，创办近百年来，一直延续"真材实料"的宗旨，选料上乘、皮薄馅大，最终成为老济南人心中极具韵味的老字号。目前，在济南的草包包子铺有两家连锁店和10余家加盟店。

唐氏仁爱包子

　　唐氏仁爱包子位于市中区建国小经三路，是一家已经经营了30多年的老店，店面干净明亮，拥有一大批忠实食客。除了牛肉蒸包是2.5元/个，其他种类的肉包、素包都是1.6元/个。济南仅此一家，暂无分店。

见鲜包子

　　见鲜包子主打一个家常味，馅料实实在在，价格很实惠。店里有透明的玻璃窗，可以看见大姨们包包子的过程。当作工作餐，从价格到味道都很合适。

长清大素包

　　长清大素包是山东省特色名点，以油炸卤豆腐、粉条、菠菜、胡椒面、香油等拌馅，做ье蒸熟。皮薄馅足，香辣味醇。素包爱好者必须来尝尝。

济阳白家羊肉包子

　　济阳白家羊肉包子调馅用的配料是由专人到各地采购原料而后自己研磨配制的；羊肉是本地没有喂过饲料、生长期在一年以上的大羊肉，使用前需在锅里煮5个小时以上。吃起来也有讲究，先在包子一角咬一个小口，把里面的油汁吸干净，再吃包子其余的部分。

济南甜沫

甜沫是一种以小米面为主熬制的咸粥。做一碗甜沫，需要把花生、豆腐皮、粉丝、青菜丝等都加进去，之后融入胡椒粉、五香粉、食盐等各种调味料。一口下去，仿佛自己嘴里开了油酱铺子，那咸的、麻的、辣的、清香的在嘴里碰撞，一发不可收拾。

在寒冷冬日里，轻啜一口，暖意瞬间涌入心头。甜沫，何来甜味？有言曰："阅尽五味方得甜。"由此一来，甜沫就不仅仅是一道美食，更是济南人生活态度的映射。

鲁味斋

中华老字号鲁味斋始创于1927年，以烧制虎皮扒蹄而闻名。历经三代传承，建立了工业旅游式自动化生产基地，直营门店突破200家。鲁味斋扒蹄制作技艺入选省级非遗名录，鲁味斋还获得农业产业化省级重点龙头企业、山东省著名商号、山东省放心消费示范单位等荣誉。秉承"老汤、鲜材、真香、正味"的初衷，致力于为消费者提供绿色、安全、放心的食品。

净香园

净香园始创于清乾隆年间，是济南著名熟食品牌。经典产品以猪后腿精肉为原料，辅以12味天然香料，经古法腌制、自然风干而成，色泽红润、咸香适口。2023年，其香肠制作技艺获评市级非物质文化遗产，获评"山东风味名吃""好客山东八大特色小吃名店"等荣誉，被誉为"济南香肠代表"。

商河老豆腐

商河县独有的特色传统名吃，其制作技艺拥有1000多年的历史，以其洁白如玉、细若凝脂、嫩似欲流等特点而久负盛名，是当地居民早餐的首选。

柳埠豆腐

大锅烧制、纯手工制作的南部山区柳埠豆腐营养健康、口味纯正，是济南人偏爱的美食，每次南山大集，豆腐摊前总是排长队。

玫瑰梨丸子

平阴县的特色传统名吃之一，起源于清朝乾隆年间，距今已有200多年的历史。采用当地的大青梨为主要原料，以平阴特产玫瑰花制成的糖馅作辅料，加上青红丝、核桃仁、芝麻、白糖精制而成。入口香酥，甜而不腻，味道纯正。

平阴玫瑰鲜花饼

平阴县种植玫瑰花的历史始于唐代，至今已经有1300多年。玫瑰鲜花饼以平阴玫瑰花为原料制作，通过"花瓣入馅、酥皮包裹"方式，形成甜而不腻的独特口感，深受女性喜爱。

商河"少得利"火烧

　　"少得利"糖酥火烧是商河传统名吃，由龙桑寺镇谢家点心铺创始于清光绪年间。正宗的糖酥火烧形如满月，黄酥油亮，酥而不碎，焦而不煳，嫩而不生，醇香可口，酥、香、甜皆备。

洞天油炸馓子

　　济南的馓子又称"细馓子"，又细又长，弯曲盘旋成椭圆形，香酥脆口。洞天食品的馓子是很多济南人的童年记忆，嘎嘣脆的口感让人意犹未尽。

薛记炒货

　　"良心炒货，就选薛记"，薛记炒货的大本营在济南。1992年，创始人薛兴柱开启创业之路；2014年，薛记炒货正式注册品牌商标；2018年，薛记炒货确立"良心买卖，先尝后买"服务标准；2020年，通过网红奶枣产品，薛记炒货实现出圈，逐渐发展为全国知名的干果、炒货、果脯及休闲零食品牌。

秦老太食品

　　秦老太食品创立于1993年，以"谷物轻食餐"为定位，研发适合国人体质的健康食品，产品包括藕粉、燕麦片、五谷粉等。旗下茶汤制作技艺于2021年入选山东省非物质文化遗产，其中"泉城二怪"（茶汤、甜沫）礼盒为游客必购手信。

野风酥煎饼

野风酥煎饼制作历史可追溯至康熙年间，1918年，"野风酥"字号正式创办，1974年，野风酥糖酥煎饼进入人民大会堂，成为国宴点心，郭沫若为其题词"中国一绝"。煎饼以小米、豆子等为主要原料，制作技艺被认定为省级非物质文化遗产。煎饼口感酥脆，香甜可口，有糖酥煎饼、香酥煎饼、大软煎饼等三大系列。

益康葡萄软月

济南益康食品厂前身为1977年成立的济南市北园糕点厂，是山东老字号企业，主营中西式糕点，涵盖月饼、粽子等品类。其明星产品"葡萄软月"月饼有160余年的制作历史，2016年入选山东省非物质文化遗产，多次获得"金牌月饼""齐鲁名吃"等荣誉，是济南中秋节的标志性食品。

酸蘸儿

"酸蘸儿"是济南人对糖葫芦的称呼，在老济南人的记忆里，过年总要吃上一串酸甜可口的酸蘸儿。其制作工艺至今已有200多年的历史，精挑细选的大山楂在非遗传承人的手中经过11道工序旧貌换新颜。

特产

　　这个城市端出了最想让你品尝的经典特产，恰似济南人豪爽热忱的性格，来客人了，一定要拿出家里最好吃的来招待。

章丘大葱

　　章丘大葱是全国首批国家地理标志农产品，已有2000多年种植历史，主要品种有"大梧桐""气煞风"，以"高、大、脆、白、甜"闻名，先后荣获中国名牌农产品、中国驰名商标、中国特色农产品（章丘大葱）优势区、中国重要农业文化遗产等称号。

福牌阿胶

　　福牌阿胶是福胶集团的品牌，来自"中国阿胶之乡"——东阿镇。现福胶集团已经成为阿胶业界的中华老字号企业，其传统熬胶技艺也已被列入国家级非物质文化遗产名录。

平阴玫瑰

平阴玫瑰被誉为"中国传统玫瑰的代表"，2021年被增选为济南市第二市花，与荷花共同寓意"荷谐玫好"。平阴玫瑰已有1300多年种植历史，主要品种以"丰花玫瑰""紫枝玫瑰"等重瓣红玫瑰为主，储存品种50余个，先后入选中欧地理标志协定保护名录，"好品山东"品牌名单。

"三辣一麻"

"三辣一麻"是指莱芜生姜、白皮蒜、鸡腿葱和花椒。莱芜生姜有2000多年的种植历史，以姜块肥大、皮薄丝少、辣浓味美、色泽鲜润而著称；莱芜白皮蒜瓣大，辣味香；莱芜鸡腿葱是烹调的常备佐料，"鲁菜不离莱芜葱"；莱芜大红袍花椒，椒皮厚实、色泽鲜艳、香味浓郁。

"三黑一花"

"三黑一花"是指钢城黑猪、黑鸡、黑山羊、鲁莱花脸长毛兔。钢城黑猪以肉质好、繁殖力高、抗逆性强等优良特点而著称；钢城黑山羊饲养历史悠久，分布于鲁中地区泰山山脉，生长于山地林区、河滩泽地、丘陵地隙；钢城吉山黑鸡是高档特色品牌肉鸡，骨细皮薄，肉质滑嫩；鲁莱花脸长毛兔是运用现代动物遗传育种理论和现代生物技术培育而成。

莱芜老干烘

莱芜老干烘原产于安徽，自明代初传入山东，盛行于莱芜。其制作工艺独特，属半发酵茶，茶性温和，口味微苦回甘，浓醇悠长，有消食解腻、促进消化等效果。

长清茶

长清茶是国家地理标志农产品，具有"小米汤、板栗香、叶肥厚、味悠长"的特点。先后入选全国名特优新农产品、国家农耕农品记忆索引名录、山东省知名农产品、山东省特色农产品优势区、泉城好品，荣获中国国际茶博会推荐产品、中华品牌商标博览会金奖。

汶源蜜桃

钢城区汶源街道种植蜜桃历史悠久，拥有桃园10万亩，囊括早金霞、油蟠、八月脆等60多个名优品种。年产蜜桃1亿公斤，年蜜桃销售总收入约2亿元。鲜桃上市期为每年5月—11月，基本实现一年四季有鲜桃。2001年，钢城区汶源街道获"中国蜜桃之乡"称号。

香妃玉西红柿

"香妃玉"是莱芜明利特色蔬菜种植专业合作社引进的新品种西红柿。其外形呈扁圆形，果皮红艳，盈手可握，单果重在80—150克之间；果皮清爽甜脆，果肉沙软绵柔，有着西红柿独有的浓郁风味，适合鲜食。

沃小番

沃小番品牌创立于2016年，由山东夏之秋果蔬有限公司培育。创始人吴景春深耕番茄行业20余载，从3000多个优质番茄品种中精心培育。2019年12月，沃小番荣获第20届中国绿色食品博览会金奖，连续4年荣登熊猫指南中国优质农产品榜单。

五峰山大樱桃

五峰山大樱桃产自位于北纬36°的"大樱桃黄金产区"五峰山，果大、色鲜、肉多、味甜，果品、口感上乘，入选第二批"全国名特优新农产品名录"。

历城草莓

历城草莓已有30余年种植历史，以"早、鲜、香、美、甜"为主要特点，先后荣获第20届中国草莓文化旅游节精品草莓品鉴会金奖、银奖及全国优质草莓金奖等奖项100余个。"泉水草莓"入选2023年全国受消费者欢迎草莓区域品牌等。

仁风西瓜

仁风西瓜是济阳区特产，全国农产品地理标志产品。济阳区地表土壤主要为褐土，呈微碱性，土质疏松，有机氮、磷、钾的含量水平高，适宜农副作物生长。仁风西瓜瓜皮厚度不超过3毫米，瓤色杏黄，肉质脆而多汁，入口即化，有"冰淇淋西瓜"的美称。

郑路珍珠红西瓜

郑路珍珠红西瓜是国家地理标志农产品，有30余年种植历史，瓜形精致、皮薄肉厚、吹弹可破、口感脆爽、清甜多汁，中心糖度高达17度，是普通西瓜的2至3倍，获得全国名特优新农产品、首届"济南市十佳最受欢迎品牌农产品"、"泉水人家"区域公共品牌等10余项奖项和认证。

张夏玉杏

张夏玉杏是长清区特产，全国农产品地理标志产品。张夏街道已有2000多年的玉杏种植历史，是山东省规模最大的玉杏产区。张夏玉杏为早熟品种，果实呈扁圆形，肉厚、核小、皮薄，果肉橙黄，酸甜多汁。玉杏又名御杏，相传乾隆来此品尝后大悦，命此果为宫廷御用。

高官甜瓜

高官甜瓜是国家地理标志农产品，已有100多年种植历史，从露天种植到设施栽培，凭借黄河沿岸深厚肥沃的沙壤土质和黄河水灌溉天然优势，果肉洁白，肉质软甜多汁，上市早、易保存。"高官寨甜瓜"荣获第21、22届中国绿色食品博览会金奖，被农业农村部纳入全国名特优新品牌名录，并被授予"济南市名牌农产品"。

曲堤黄瓜

济阳曲堤黄瓜是国家地理标志农产品，以"顶花带刺、通直把短、清脆甘甜、富含锌硒"为主要特点，荣获中国国际农产品交易会金奖、品牌中国金谱奖、中国绿色食品博览会金奖、中国驰名商标等荣誉，被农业农村部纳入全国名特优新品牌名录。

吴家堡黄河大米

吴家堡黄河大米是"槐荫四宝"之一，引黄河头道无污染水灌溉。黄河大米富含人体健康所需的碳水化合物、蛋白质、膳食纤维和钙、磷、铁、镁等营养元素，晶亮透彻，清香四溢，煮熟后口感微黏，劲道可口，是居家餐饮、馈赠宾朋之佳品。

龙山小米

龙山小米种植历史悠久，是中国农产品地理标志产品，以"色泽金黄、籽大粒圆、性黏味香、营养丰富"等特点位列我国"四大名米"之首，荣获中国绿色食品博览会金奖、山东名牌农产品、济南市名牌农产品、济南市著名商标、济南现代农业百花奖。

济南花朝节

千年泉韵邂逅花朝雅集，济南花朝节已举办了4届。每年春天，济南诚邀四海宾朋共赴这场约定，通过多维消费场景的深度融合与创新设计，让传统节事活动焕发现代商业活力。琳琅满目的花朝市集，精致多元的古风饰品，惊喜连连的互动游戏，为大家带来一场春日里的赏花盛会。

中国非物质文化遗产博览会

中国非物质文化遗产博览会是全国影响广、规模大、规格高、项目多、品类全的国家级非物质文化遗产博览会，采取实物展示、销售、图片展览、多媒体演示等形式，展示全国31个省（区、市）的非物质文化遗产项目。首届非遗博览会于2010年10月在济南举办。第四届至第八届全国非遗博览会均在济南举办。

"泉城风尚"国际时装周

"泉城风尚"国际时装周以聚焦华服时尚为主题，在山东手造展示体验中心开幕，为泉城带来一场时尚盛宴。时装周全方位整合全国织造、华服设计及生产资源，为在山东打造完整而健全的华服时尚、中华织造产业链赋能，为山东纺织服装数字化、时尚化智能制造高质量发展提供重要平台。

参编单位

市委组织部	市科技局	市文化和旅游局
市委宣传部	市工业和信息化局	市卫生健康委
市委金融办	市民政局	市退役军人局
市委外办	市人力资源社会保障局	市体育局
市总工会	市自然资源和规划局	市投资促进局
团市委	市住房城乡建设局	济南轨道交通集团
市妇联	市交通运输局	济南文旅发展集团
市科协	市水务局	济南公共交通集团
市发展改革委	市农业农村局	济南财金投资控股集团
市教育局	市园林和林业绿化局	济南出版有限责任公司

图片摄影　（按姓氏笔画排序）

王广福	刘莹	李华文	陈彦	范国强
王书国	刘宏滨	李苏瑞	陈振	周博文
王平	刘悦琛	李建辉	陈铟	官庆国
王成永	刘银刚	李锋	杨晓	封晖
王琴	孙健	李楠	杨馥羽	荆志刚
卢旭	孙荧杉	陈吉华	邵凯	董承华
吕传泉	张世谦	陈希军	苗延林	鲍庆龙

视觉中国　　济南市各供图单位

POSTSCRIPT

后 记

当最后一页墨香沉淀于指尖，济南的城市画卷将在字里行间徐徐收拢，期待一个更加鲜活的济南形象在你的心底跃然而生。

这本书，是济南举全市之力，为海内外人才打造的一本城市之书。本书从策划至付梓历时近一年时间。成书过程中，我们悉心梳理济南的改革发展脉络、人文历史底蕴、人才服务政策，走遍了济南的大街小巷，搜集了数千张照片，反复筛选，调整提升，只为将最好的济南呈现给你。

如果你是初来乍到的旅人，愿这本书能带你按图索骥，游历古城山川、品味市井烟火，成为你初识济南的一扇窗，触摸这里刚刚好的节奏；如果你是扎根奋斗的青年，愿这本书能带你与城市共鸣，感受济南的贴心与周全，读懂济南的深情与陪伴，抓住这里刚刚好的机遇；如果你正站在选择的路口，愿这本书能吸引你走进济南，理解济南，融入济南，并从这本书开始爱上济南，开启自己刚刚好的人生。

济南的"刚刚好"，在于海纳百川的气魄。她有历史的厚度，却从不沉溺过往；有发展的雄心，却不忘生活的本真；有对人才的渴求，更有对每个人的尊重。这座城市以泉水般的温润与包容，将人才视为城市最珍贵的宝藏，让每一位奋斗者都能在厚重历史与创新浪潮间，创造属于自己的生命之歌。

济南的故事还在续写，就像泉水汩汩不竭。相信会有越来越多的海内外英才汇聚济南，与这座充满生机与活力的城市共同成长、共赢未来。

此心安处，终是吾乡。在济南，梦想有土壤，生活有温度，未来有方向，一切都是刚刚好！

济南市委人才工作领导小组办公室

2025年8月

图书在版编目（CIP）数据

我在济南刚刚好 / 济南市委人才工作领导小组办公室编.

济南：济南出版社，2025.8（2025.10重印）.—ISBN 978-7-5488-7192-7

Ⅰ.K925.21

中国国家版本馆CIP数据核字第2025GG8861号

我在济南刚刚好

WO ZAI JINAN GANGGANG HAO

济南市委人才工作领导小组办公室 编

责任编辑　袁　满　马永靖

责任校对　王璐瑶　杨珊卉　何　琼　黄鹏方

名士画像　周　群

封面设计　胡大伟

装帧设计　韩晓雨

出版发行　济南出版社

地　　址　山东省济南市二环南路1号（250002）

总 编 室　0531-86131715

印　　刷　济南新先锋彩印有限公司

版　　次　2025年8月第1版

印　　次　2025年10月第3次印刷

开　　本　120mm×200mm　32开

印　　张　10.25

字　　数　330千

定　　价　61.20元

我在济南刚刚好

作词：闫寒 箫陌 孙兆辉
作曲：闫寒

1=♭B 转C 4/4

一圈小山 把小城围绕， 一眼清泉 把

四季妆点招摇， 老舍故事里 的 小 美好，

济南的春夏秋 冬 你可知道。 公交车在经 纬

经纬线上跑， 大碗茶里 煮人生百种味 道，

鹊华秋色图， 黄河的骄 傲， 起步向未来 倾听岁月静

好， 大明湖 解放桥， 超然楼上 风景妙，

护城河， 柳色俏， 一年四季 刚刚好。

我在济南 刚刚好， 刚好的温暖 把我环绕， 我在济南

刚刚好， 刚好的幸福 让我依靠， 我在济南 刚刚好，

刚好的风景 冲我微笑， 我在济南 刚刚好， 刚好的未来

刚好的城市 家的味道， 我在济南 刚刚好， 刚好的我们

向我奔跑， 向我奔跑。

一起奔跑，

2024济南城市人才宣传片　2024城市人才主题曲MV

Lian上济南这座城

作词：杨健
作曲：康猛

1=♭E→E 4/4

1. 云去山如画　云来山更佳　兴尽晚回舟　回首是我家
2. 万户皆临水　千峰半入城　南山与君约　不改旧时青

入藕花深处　湖畔多鸥鹭　灯火阑珊处　才如星如雨
泉上濯清尘　春茶味更真　海右此亭古　历历词也新　Lian上

1.2. 济南这座城　就像鱼儿恋泉声　恋着
3. 济南这座城　就像鱼儿恋泉声　恋着

山水伴云霞　恋这火热恋长风　Lian上
山水伴云霞　恋这火热恋长风　Lian上

济南这座城　一河豪迈泉水清　恋着
济南这座城　黄路偕行与人同　恋这

春好雪初晴　恋着繁花恋晚星　恋这
鹊华秋色好　恋着韶华恋着梦　D.S.

转角伊人笑　　谁家柳絮飘
醉入了人间　　舜城刚刚好

鹊华秋色好　恋着韶华　恋着梦

2025济南城市人才宣传片　　2025城市人才主题曲MV